살아 있는 자들을 위한 죽음 수업

한 법의학자가
수천의 인생을 마주하며
깨달은 삶의 철학

살아 있는 자들을 위한 죽음 수업

이호 지음

웅진 지식하우스

내가 책의 저자라면,
나는 사람들의 다양한 죽음을 기록하고 또 논평할 것이다.
죽음을 가르치는 사람은 동시에 삶도 가르쳐야 할 것이다.
|
몽테뉴,『수상록』

들어가는 글

불광불급

"참, 별 미친놈을 다 보겠네."

그것이 나의 법의학의 시작이었다. 의대 본과 4학년 가을 졸업을 앞두고 병리학 교수님 앞에서 면접을 볼 때였다. "왜 법의학을 하려고 하나?" 첫 질문부터 말문이 막혔다. 법의학을 결심하게 된 계기를 차마 말씀드릴 수가 없어 머뭇거리고 있었는데, 그만 나도 모르게 대답이 튀어나왔다.

"모든 의사들이 사람을 살리려 하지만, 저는 이미 사망한 사람을 통해 놓친 것이 무엇일까를 되짚어보는 것도 중요하다고 생각합니다."

지금은 고인이 되신 은사님께서는 내 대답을 듣다가 "참, 별 미친놈을 다 보겠네"라며 웃으셨다. 당시에는 무슨 뜻으로 그리 말씀하시는지 몰라 의아했지만, 차마 여쭙지 못했다. 은사님은 교수님들 중에서도 엄격하고 어렵기로 소문난 분이었기 때문이었다.

그러던 언젠가 경주에서 열린 학회를 마치고 차로 은사님을 모시고 오는 길이었다. 전주까지 돌아오는 긴 시간 중에 문득 은사님께서 당신의 젊었던 시절 이야기를 꺼내셨다. 아무것도 가진 것 없던 조교 시절, 은사님께서 지금의 사모님을 만나 결혼을 하셨다고 한다. 그 시절 사모님은 군수의 딸로, 부유한 집안에서 귀하게 자란 아가씨였으니 장인어른의 입장에서는 선뜻 딸을 내어주기가 못마땅한 사윗감이었으리라.

그러다 결혼 후 처음으로 맞는 사모님의 생일이 되었는

데, 월급이 빠듯하니 선물 살 돈이 모자랐던 은사님은 퇴근길에 대학 교정에 핀 코스모스를 낫으로 베어서 들고 가셨다고 한다. 마침 딸의 생일을 축하해주기 위해 집에 들렀던 장인어른이 그 모습을 보고는 "참, 별 미친놈을 다 보겠네." 하고 말씀하셨다고 한다. 내가 면접 때 은사님께 들었던 바로 그 이야기였다.

"불광불급不狂不及, 미치지 않으면 미치지 못한다."

은사님은 '미친놈'의 의미를 그렇게 설명해주셨다. 그 일을 계기로 '불광불급'이라는 말은 나의 평생의 화두가 되었다.

죽음과 주검

법의학자로서의 세월은 죽음보다 주검을 마주해온 시간이었다. 주검을 마주하기 전 고인의 삶에 대한 조사 보고서를 먼저 검토하게 되는데, 이 과정에서 느낀 단상들을 글로 정리할 필요를 느꼈다. 다소 불편하더라도 애써 기억해야만 하는 죽음, 반드시 전해야 하는 메시지를 남기고 간 죽음, 조금만 주의했더라면 피할 수 있었던 죽음, 남은 사람들의 자책감을 덜어주어야 하는 죽음이 있었기 때문이다. 내가 운명처럼 만난 몽테뉴의 『수상록』에는 "내가 책의 저자라면, 나는 사람들의 다양한 죽음을 기록하고 또 논평할 것이다. 죽음을 가르치는 사람은 동시에 삶도 가르쳐야 할 것이다"라는 말이 있다. 그 문장이야말로 내가 이 글을 쓰게 한 힘이었다.

마르쿠스 아우렐리우스는 『명상록』에서 "우리가 보는 것들은 모두 다 죽어가는 것들이다"라고 말했다. 그렇다. 새순도, 갓 태어난 아기도 계속 늙어가고 죽어가는 과정에 있다. 그 무엇도 더 젊어지는 것은 없다. 죽음은 항상 우리 곁에 있다. 삶의 맨 끝에서 만나는 것이 아니라, 마치 동전의 뒷면처럼 언제든지 순간적으로 그 모습을 드러낼 수 있는 존재다. 이 글을 쓰는 순간조차 더욱 소중하게 느껴진다.

문자를 남긴다는 것은 말을 남긴다는 것이다. 종이가

없던 먼 옛날에는 점토판에 쓰고, 두루마리에 쓰고, 그다음엔 양피지에 썼다. 양의 가죽을 가공해 만드는 양피지는 당연히 아주 고가의 재료였고, 책 한 권을 만들기 위해서는 열 마리가 넘는 양들이 희생되어야 했다. 만약 지금 우리가 양피지에 글을 쓰는 시대였다면, 그 많은 양들이 희생되면서까지 나의 글이 가치가 있는가 하고 주저했을 것이다. 환경에 대해 잘못 쓴 글은 책을 만드는 데 필요한 나무를 훼손하는 것이기에, 환경 파괴를 하는 모순에 빠질 수 있다며 함부로 책을 쓰지 않겠다고 선언한 어느 환경운동가의 말처럼, 책을 쓴다는 것은 동물들과 나무들의 희생을 무릅쓸 만큼의 가치가 필요한 일이다. 그리고 그것보다 더욱 고려해야 하는 부분은 독자들의 시간의 가치였다. 나 역시 시간의 소중함을 잘 알기에 혹여나 독자들의 귀한 시간을 허비하게 하는 모순에 빠지지 않을까 걱정이 앞선다.

'팩트$_{fact}$'라는 단어는 라틴어 '파케레$_{facere}$'라는 말에서 유래했는데, 이는 '만들다, 하다'라는 뜻을 가지고 있다. 사실로 제시되지만 거짓일 수 있는 것에 대해 사용되었다. 나의 단상을 기억나는 대로, 느낀 대로 옮기다 보니, 사실과 다른 점도 있을 수 있다. 하지만 이는 사건의 기록이 아닌 느낌을 옮겼다는 점에서 너그럽게 이해해주시기를 바란다.

겨울과 눈사람

내가 가끔 학생들에게 하는 이야기가 있다.

"여러분, 눈이 쌓였다고 눈사람을 만드는 것은 아닙니다. 실은 겨울이라는 환경이 있기에 가능한 겁니다. 그러니 눈만 보지 말고 겨울을 볼 줄 아는 사람이 되기 바랍니다."

돌이켜보면 법의학을 공부하고 지금 이 자리에 있기까지 나 혼자의 힘으로 해낸 것은 하나도 없는 듯싶다. 고독하고 험한 길을 먼저 걸어가며 이끌어주신 스승님들, 서로의 어깨를 토닥이며 함께 발걸음을 이어온 선후배와 동료들, 또 나를 지켜봐주는 가족들…. 그뿐인가. 가슴 아픈 사고로 가족을 잃은 유족들을 통해서도 나는 삶에 대해 참으로 많은 것을 깨닫고 배웠다. 나뿐만이 아닐 터다. 인간이 하나의 객체로 성장해 어떤 쓸모를 다하기까지, 얼마나 많은 이가 서로 영향을 주고받겠는가. 그래서 우리가 기대고 희망을 얻을 것은 사람뿐인지도 모르겠다.

내가 눈사람을 만들 수 있도록 기꺼이 나의 겨울이 되어주신 사랑하는 부모님과 가족, 그리고 나의 소중한 모든 인연들께 진심으로 감사드린다.

목차

들어가는 글 · 6

1부

죽은 자가 산 자를 가르친다

삶의 가장 마지막 순간에 만나는 의사	· 19
보이는 거짓과 안 보이는 진실	· 25
아무도 그날의 신음 소리를 듣지 못했다	· 38
사랑하는 사람의 죽음에 얼마큼 슬퍼해야 할까	· 49
가장 가엾은 사람의 길동무가 되어주는 일	· 56
파묘와 변호	· 63
물에 빠진 아이는 누가 구해야 할까	· 73
가해자도 피해자도 아닌, 어떤 아이들	· 81
생이 종료되기 전에 만난 아이	· 85

2부

삶은 죽음으로부터 얼마나 멀리 있는가

죽음에 이르는 크고 작은 일련의 점들	• 97
남겨진 가족들의 마음을 치료하는 일	• 109
의미를 찾는 삶에 대하여	• 117
무엇이 선善인가	• 126
아주 작은 한 조각이라도	• 131
절대 흥분하지 마라	• 143
가장 많이 구조한 사람, 가장 많이 구조하지 못한 사람	• 150
사람은 반드시 실수한다, 나도, 당신도	• 164
기차가 먼저일까 철도가 먼저일까	• 178

3부

나의 죽음, 너의 죽음, 그리고 우리의 죽음

가장 깨끗했던 299구의 시체에 대하여	• 185
배는 다시 침몰할 것이다	• 189
어느 부부가 한 자루의 도토리를 모으기까지 걸린 시간	• 198
나는 죽음에서 삶을 바라본다	• 206
우리를 살게 하는 것은 결국 사랑의 힘	• 214
우리에게는 평온하게 죽을 권리가 있다	• 220
인체가 아닌 인간을 보라	• 234
나의 죽음, 너의 죽음, 우리의 죽음	• 249
너무 늦게 배달된 편지	• 258

인용 출처	• 270

1부

죽은 자가 산 자를 가르친다

삶의 가장 마지막 순간에 만나는 의사

아침 9시, 지하 부검실에 들어선다. 어제 늦은 오후 갑작스럽게 부검이 잡힌 40대 남성의 시신이 부검 테이블에 누워 있다. '갑작스럽게'라고 표현했지만 적절치 못한 것 같다. 어떤 죽음인들 갑작스럽지 않을까. 부검 시작에 앞서 담당 경찰관과 검시관으로부터 사건에 대한 간략한 브리핑을 듣는다. 이번 시신은 물에 빠져 죽은 채 발견됐고, 한시라도 빨리 사인을 밝혀야 해 부검팀원들과 서둘러 준비를 시작한다.

부검은 총책임자인 나를 포함하여 4명이 한 팀이 되어 진행된다. 우리 대학 법의학교실에 상주하고 있는 임상병리사와 조교 선생이 메스를 들고 1차로 기본 절차에 따른 부검을 시작하고, 장례지도사가 카메라를 들고 사진을 찍는다. 나는 전반적인 과정을 지켜보며 기록하고, 1차 부검 중간중간 요주의해야 하는 중요 부검을 진행한다. 고인이 자신의 삶에서 가장 마지막으로 이야기를 전하는 순간인 만큼, 놓치는 부분이 없도록 신중하게 살피며 전체를 감독하는 일이 나의 역할이다.

두 사람이 메스를 움직이기 시작하자 시신 특유의 냄새가 부검실 안을 가득 메운다. 보통은 부검할 때 마스크를 착용하지만, 나는 냄새 또한 중요한 증거가 될 수 있기에 마스크를 쓰지 않는다. 가령 복강을 열었을 때 스쳐 지나가는 어떤 특이한 냄새를 통해 사인을 유추하는 경우도 있기 때문이다. 마르쿠스 아우렐리우스가 『명상록』에서 말했듯이 "건강한 눈은 보이는 것은 모두 보아야 하며 '나는 초록색만 보고 싶다'고 말해서는 안 된다. (…) 건강한 청각과 후각은 들을 수 있는 것은 모두 듣고 냄새 맡을 수 있는 것은 모두 냄새 맡을 준비를 하고 있어야 한다". 인간의 몸은 보고 싶은 것만 보고, 맡고 싶은 것만 맡을 수 없다. 인생도 마찬가지다.

기본적인 부검 절차로 시신의 가슴, 배, 머리 이렇게 세 곳을 먼저 확인한다. 그리고 신속하게 심장과 폐, 간, 위를 적출한 후 장기마다 상태를 확인하고 샘플을 채취한다. 이번 시신의 경우 물속에서 발견되었기 때문에 물에 빠지기 전에 사망했는지, 물에 빠져서 사망한 것인지를 확인하기 위한 부검을 집중해서 한다.

죽은 자는 말을 할 수 없으므로 그가 어떤 삶을 살아왔는지, 어떤 경위로 이 자리까지 오게 되었는지, 그의 애달픈 사연을 굽이굽이 알 수는 없다. 내가 할 수 있는 것은 다만 그가 자신의 몸을 통해 전하는 마지막 이야기를 귀 기울여 들어주는 것이다. 시신의 머리, 코와 뇌 사이에 있는 공간까지 확인을 마친 후 부검은 끝이 났다. 물속에서 발견된 이 남성에게서 타살의 흔적은 확인할 수 없었다. 그는 아마도 실수로 물에 빠졌거나 스스로 물에 들어갔다고 보아야 할 것이다. 어떤 사연이 그를 물가로 인도했을지는 속으로 짐작만 할 뿐, 실제로 부검 감정서에 작성되는 결론은 보이는 그대로의 사실뿐이다. 부검이 끝나고 수사관과 유족들에게 1차 부검 소견을 전달한다.

"사인은 익사로 판단되며, 타인이 개입되었다고 볼 만한 소견은 없습니다."

사연 없는 시신은 없다. 이번 부검은 30분 정도로 비교적 빠르게 끝이 났지만, 시신의 손상 정도에 따라 길게는 한 시간 반 가까이 걸릴 때도 있다. 고인이 살아온 수십 년의 세월을 짐작하기에는 그것도 짧다. 생활고를 비관해 자살한 사람, 병 들어 홀로 죽음을 맞이한 불법체류자, 남편과 부부 싸움 끝에 살해당한 부인. 법의학자는 부검을 통해 한 사람이 살아온 인생을 듣게 된다. 고인이 미처 전하지 못한 마지막 이야기를 듣고, 떠나는 길에 억울함이 남지 않도록 그를 대신해 변호를 해주기도 한다.

한번은 어린아이가 뇌출혈로 사망해 부검실에 오게 되

었다. 아이 엄마는 아이가 혼자 놀다가 어디에서 떨어졌다고 경찰에 진술했지만, 아이의 몸은 전혀 다른 이야기를 들려주고 있었다. 두피의 출혈 부위가 단순 추락으로는 보이지 않았고, 몸의 여러 곳에서 다양한 색깔의 멍과 피부 까짐이 발견되었다. 특히 멍의 색깔이 다양하다는 것은 손상의 시기가 제각각 다르다는 것으로, 이는 상습적이고 만성적인 구타의 흔적으로 볼 수 있었다. 나는 부검 후 수사관들에게 아동 학대를 강력히 고려해야 한다고 알렸다. 부검을 하지 않았다면 밝혀지지 않았을 억울한 죽음을 아이가 스스로 보여준 것이다.

모르투이 위워스 도켄트Mortui vivos docent, 죽은 자가 산 자를 가르친다는 말이다. 의학도들에게는 아주 유명한 라틴어 격언이다. 죽은 자가 자신의 몸을 통해 산 자에게 가르침을 준다는 의미다. 이 격언에 등장하는 '도켄트docent'라는 말이 파생되어 '닥터doctor'라는 단어가 생겨났다. 그만큼 의학이 발전하는 데 있어서 죽어간 사람들이 얼마나 큰 공헌을 했는지 알 수 있다.

살아 있는 사람에게만 의사가 필요한 것은 아니다. 오히려 죽은 사람은 이제 자신의 몸을 의사에게 보여줄 기회는 마지막 단 한 번뿐이 남지 않았기에 더욱 절실하다. 삶의 마지막 순간 침상에 누운 그들을 내려다봐줄 의사가 되어주는 것, 법정에서 그들을 대신하여 억울함을 밝혀줄 증언자가 되는 것, 그것이 법의학자의 역할이다.

보이는 거짓과
안 보이는 진실

법의학자는 의사이자 고인의 대변자이며, 철저한 과학적 증거로 사실만을 말하는 사람이다. 나는 전공의 때부터 30년 가까이 법의학자로 일하며 누군가의 죽음에 있어 언제나 사실만을 말하겠다는 다짐을 단 한 번도 어겨본 일이 없다. 아마도 대한민국의 모든 법의학자가 그럴 것이라 생각한다.

그러나 때때로 법의학자의 말이 의심받는 경우가 있다. 2014년 세월호 참사 당시, 청해진해운의 실소유주로 알려진 유병언 회장의 백골 사체가 발견되었던 때만 봐도 그렇다. 그의 사인과 사망 시기에 대한 부검 결과도 많은 국민으로부터 의혹을 샀지만, 무엇보다도 가장 큰 오해는 해당 백골 사체가 유병언이 아니라는 음모론이었다. 진짜 유병언 회장은 어딘가에 도피해 있고, 수사망을 피하기 위해 가짜 사체를 심어놨을 거라는 주장이었다. 유 회장이 가진 엄청난 부와 권력이 부검 결과를 조작하게끔 만들었을 수도 있다고 의심한 것이다. 특히 정부에 대한 불신이 깊은 시기에는 그러한 의심도 커지기 마련이다. 우리에게는 "탁 치니 억 하고 죽었다"라는 말로 요약되는 불신의 역사가 있기 때문이다.

내게도 오랫동안 사인을 받아들이지 못했던 한 죽음이 있다. 내 인생을 바꾼 사건이기도 하다. 시절이 엄혹하던 1980년대 후반 나는 의대 학부생이었고, 학생운동을 하느라 수업에는 거의 나가지 않았다. 세상이 망가져가는데 수업을 듣고 있을 수 없었다. 의대는 한 과목만 F를 받아도 유급이다. 나는 보나마나 유급이었고, 유급을 당했다는 소식도 임실 농민 집회 현장에서 들었다.

1987년 6월 민주 항쟁 이후 대통령 직선제가 도입되었으나 여전히 민주화에 대한 열망은 거셌다. 대학생들이 데모하다 경찰에 끌려가는 일이 부지기수였고, 자칫하면 멀쩡한 몸으로 돌아오지 못한다는 의심이 가득했다. 그러던 1989년 5월 10일, 조선대학교 학원민주화운동을 주도하며 국가보안법 위반으로 지명 수배되었던 이철규의 시신이 실종된 지 일주일 만에 광주시 청옥동 제4수원지에 떠올랐다.

　물 위에 떠 있었던 그의 얼굴은 왼쪽 안구가 돌출된 채 새까맣게 변해 누군지 알아볼 수 없을 만큼 상해 있었고, 온몸에 피멍이 들고 오른쪽 어깨는 심하게 부어올라 있었다. 이것은 분명 고문 치사임에 틀림없다. 경찰이 고문하다 이철규가 사망하자 그의 시신을 수원지에 버리고 익사로 은폐하려 한다. 학생들은, 우리들은 그렇게 믿었다. 확신했다. 이철규의 시신을 경찰에 넘길 수 없다고 생각한 학생들은 몇 시간 동안 그의 시신을 에워싸고 지켰다. 그러나 결국 시신은 경찰에 넘어갔고, 국과수에서 부검이 진행되었다. 그리고 나흘 뒤, 부검 결과가 발표되었다.

"부패 불명이나 익사의 가능성을 배제할 수 없음."

믿기지 않았다. 시신 발견 일주일 전인 5월 3일, 이철규는 오후 4시경에 지인과 짜장면을 먹은 후 자리를 옮겨 다른 친구들과 카페에서 주스를 마시고는 오후 10시경에 일어났다. 수원지 근처 산장에서 약속이 있다며 택시를 잡아탔다. 택시 기사에 따르면 수원지 입구에서 경찰 검문을 받다가 이철규가 수원지 쪽으로 달려갔다고 했다. 그리고 종적을 감췄다.

학생들은 말끔했던 그가 전신에 피멍이 든 채 발견된 점, 그리고 부검 결과 그의 위 속에서 콩나물과 시금치가 발견되었는데 이는 이철규를 마지막으로 만난 이들이 그가 먹었다고 증언한 것들이 아니었다는 점 등의 정황으로 볼 때, 그는 고문 끝에 사망해 수원지에 유기되었음이 확실하다고 의심했다. '익사의 가능성을 배제할 수 없다', 즉 달리 말하면 '익사했을 수도 있다'는 국과수의 부검 소견은 그래서 분노를 자아냈다.

나 역시 분노한 학생들 중 하나였다. 그래서 이철규의 부검을 진행했던 국과수 법의학자의 이름을 기억해두었다가 전화번호까지 알아냈다. '국립과학수사연구소 이원태.' 그 이름을 잊지 않으려고 '이태원을 거꾸로 하면 이원태' 하고 외우기까지 했다. 잊으려야 잊을 수 없는 이름이 되었다. 종종 국과수에 전화를 걸어 그 이름을 찾으며 욕을 퍼붓고 끊어버리기도 했다. 그렇게라도 부검 결과를 거짓으로 발표한 잘못을 일깨워주고 싶었다.

한편으로 그 무렵 이철규 열사 사건을 겪으며, 부당한 외압에 굴복하지 않고 당당히 진실을 밝힐 의사가 필요하다는 생각이 들기 시작했다. 살아 있는 사람에게만 의사가 필요한 것이 아니라, 죽은 사람에게도 의사가 필요하다는 생각이 확고히 자리를 잡아갔다. 그러면서 몇 년 전 읽었던 한 권의 책이 떠올랐다. 이제는 오래전 절판되어 구할 수 없는 책이 되었지만, 책 속의 한 구절은 여전히 강렬한 기억으로 남아 있다.

젊은이의 직업 선택의 십계

1. 월급이 적은 쪽을 택하라.
2. 내가 원하는 곳이 아니라 나를 필요로 하는 곳을 택하라.
3. 승진의 기회가 거의 없는 곳을 택하라.
4. 모든 것이 갖추어진 곳을 피하고 처음부터 시작해야 하는 황무지를 택하라.
5. 앞을 다투어 모여드는 곳은 절대 가지 마라. 아무도 가지 않는 곳으로 가라.
6. 장래성이 전혀 없다고 생각되는 곳으로 가라.
7. 사회적 존경 같은 건 바라볼 수 없는 곳으로 가라.
8. 한가운데가 아니라 가장자리로 가라.
9. 부모나 아내가, 약혼자가 결사반대를 하는 곳이면 틀림없다. 의심치 말고 가라.
10. 왕관이 아니라 단두대가 기다리고 있는 곳으로 가라.

그리고 나는 법의학자가 되기로 결심했다. 의대로 돌아가 다시 수업을 듣기 시작했다. 믿을 수 없을 만큼 놀라운 일은 그로부터 몇 년 뒤에 벌어진다. 법의학자가 되기 위해 학교로 돌아간 뒤, 법의학을 하기 위한 마지막 관문인 병리학 레지던트 과정까지 마치고 군입대를 앞두고 있을 때였다. 군의관으로 가게 될 줄로만 알았는데, 생각지도 못하던 공중보건의로 발령이 났다. 근무지는 전남 장성에 위치한 국립과학수사연구소 서부 분소였다. 그곳에 부검의가 부족했던 터라 부검을 할 수 있는 병리 전문의였던 내가 차출된 거였다. 내가 가기 전까지 그곳에는 한 명의 법의관이 홀로 근무하고 있었고, 이제 그 사람과 내가 둘이서 일을 하게 되는 것이었다.

모든 만남은 기적이다. 서로의 존재도 모른 채 각자 다른 우주를 살고 있던 두 사람이 같은 시간에, 같은 장소에서 만나게 되는 것은 혜성의 충돌처럼 기적 같은 일이다. 어쩌면 우리 둘 중 한 사람이 어느 날 길을 걷다 발을 삐끗하기만 했어도, 운명은 나비효과처럼 변화를 일으켜 우리는 만나지 못했을 수도 있다. 지금까지 내게 있었던 일 중에 어느 하나라도 일어나지 않았거나, 혹은 내게 없었던 어떤 새로운 일이 일어났더라면, 나는 법의학자가 되지 않았을지도 모르고 그 사람을 만나지 못했을 수도 있다. 모든 만남은 기적이며, 그래서 나는 곁에 있는 모든 사람이 다 고맙고 감사하다.

장성 국과수에 출근한 첫날, 나는 그 사람을 만났다. 내가 그토록 미워했고, 생각 날 때면 전화를 걸어 욕을 퍼부어주었던 사람. 이철규 열사의 사인을 조작하고, 외압에 굴복해 국민들에게 거짓을 전한 당사자. '국립과학수사연구소 이원태'를 말이다. 전남 장성에서도 한참 더 들어가는 외딴 시골, 장성군 서산면 대덕리 산골짜기에 폐교를 개조해 만든 국과수 서부 분소에서 첫 일 년간 나는 이원태 선생님과 단둘이 근무를 했다. 바쁠 때도 있었지만 한가할 때도 많아서 개천에서 황소개구리를 잡기도 했다. 법의학자의 일에 대해 본격적으로 배운 것도 이원태 선생님으로부터였다. 부검에 대해서나 부검 감정서를 쓰는 것과 같은 실무적인 부분에서 정말 많은 가르침을 받았다. 대구 지하철 참사가 났을 때는 몇 주간 집에 못 가고 함께 고생하기도 했는데, 그러다 오랜만에 집으로 돌아갈 때면 이제 막 뛰어다니기 시작한 내 첫 아이에게 갖다주라며 종이로 접은 비행기를 쥐여주기도 했다.

내가 이철규 열사 사건의 진실을 알게 된 것은 정말 우연한 어느 날이었다. 이원태 선생님이 한 술자리에 나를 데리고 갔는데, 그곳에 당시 이철규 사건을 담당했던 경찰 정보과장이 있었던 것이다. 짐짓 모르는 체 이야기를 듣고 있는데, 직접 부검을 진행했던 이원태 선생님의 소견은 수년 전 검찰이 발표했던 그대로였다. '부패 불명이나 익사의 가능성을 배제할 수 없음.' 시신이 물속에서 부패했기 때문에 정확한 사인을 추정할 수 없으며, 익사했을 가능성도 없다고는 할 수 없다는 말이다.

법의학자로 30년 가까이 지낸 지금은 그러한 혼돈이 벌어진 이유를 제대로 이해할 수 있다. 물에 빠져 부패한 시신에서는 사인을 규명하기 어렵다. 그것은 의학이 그때보다 훨씬 더 발전한 지금도 여전히 어려운 일이다. 물에서 건졌을 때 곧바로 부검을 할 수 있었더라면 조금이나마 사인을 밝힐 가능성이 있었을 수도 있지만, 학생들이 이철규 열사를 지켜야 한다는 마음에 시신을 한동안 상온에 두었던 까닭에 부패가 더욱 심하게 진행되어버렸다. 하필 날씨도 푸근한 5월이었기에, 국과수에서 부검을 진행할 무렵에는 시신의 상태가 더욱 좋지 않았다. 학생들이 고문의 흔적이라고 생각한 온몸의 멍자국은, 부패했을 때의 피부 변색 역시 일반인들이 보기에는 꼭 멍처럼 시커멓게 보이기에 오해했을 수도 있겠다 싶다.

어쩌면 '부패 불명'이라고만 발표했더라면 서로의 불신이 그렇게 커지지는 않았을 수도 있다. '익사의 가능성'이라는 문구 때문에 학생들이 외압을 더욱 의심했던 것이니 말이다. 그것에 대해 이원태 선생님은 이철규 시신의 바지가 걷어 올려져 있었기 때문에 강을 건너려고 바지를 걷었고, 그러다 실수로 물에 빠졌을 가능성이 있다고 판단했다. 그러나 그것 역시 훗날 알고 보니 바지를 걷어 올린 것은 이철규 열사 본인이 아닌, 시신을 지키던 학생들이었다는 사실이 밝혀졌다. 시신의 멍자국을 확인하고 사진을 찍기 위해 바지를 걷어 올려두었던 것이다. 애초에 이철규 열사의 바지는 걷어 올려지지 않았고, 그가 강을 건너려고 했는지 아닌지는 이제 아무도 알 길이 없다. 서로가 서로를 믿지 못하던 불신의 시대에 벌어진 비극이다. 물론 이철규 사건에 해결되지 않은 의문점들은 여전히 남아 있다. 증언과 맞지 않는 위 속 내용물, 경찰 검문 과정에서 도주하다 사라진 점 등 밝혀내지 못한 의문은 영원히 어둠 속에 있다.

그날 술자리에서 이철규 사건에 대한 이야기를 듣다가, 나는 그제야 이원태 선생님께 고백했다.

"실은 이철규 사건을 계기로 법의학자가 되기로 마음먹었습니다. 그리고 어떻게 흘러오다 보니 이렇게 제가 소장님을 모시고 국과수에서 근무를 하고 있네요. 이것도 운명 같습니다."

내가 그랬듯 모든 법의학자는 직업 선택의 십계를 따른 사람들이다. 월급이 적은 곳, 승진의 기회가 거의 없고, 오려는 사람이 거의 없는 황무지 같은 곳, 부모나 아내가 결사반대하는 곳으로 기꺼이 걸어온 사람들이다. 자신이 원하는 곳이 아니라 자신을 필요로 하는 곳을 택한 사람들, 왕관이 아니라 단두대가 기다리는 곳을 택한 사람들이다. "탁 치니 억 하고 죽었다"던 박종철 열사의 사인이 고문 치사였음을 목숨을 걸고 밝힌 사람도 사실은 법의학자 황적준 선생님이었다. 생각해보면 우리 사회 격변의 시기에 법의학자가 국가 권력의 편에 섰던 적은 단 한 번도 없었다. 권력과 자본에 양심을 속이려는 사람이었다면 애초에 이 길을 선택하지도 않았을 테니까 말이다.

이철규 열사 사건의 진상을 알게 된 그날 이후로, 나는 스스로에게 단 한 점 부끄러운 일을 만들지 않도록 모든 일에 조심 또 조심하게 되었다. 법의학 선배들이 이토록 외롭고 힘들게 지켜온 원칙과 신념을 이어가기 위해.

피터르 브뤼헐, 〈이카로스의 추락이 있는 풍경〉, c.1560
Pieter Bruegel the Elder, Landscape with the Fall of Icarus, c. 1560, oil on canvas, 73.5×112cm, Royal Museums of Fine Arts of Belgium, Brussels.

아무도 그날의 신음 소리를
듣지 못했다

〈이카로스의 추락이 있는 풍경〉이라는 그림이 있다. 16세기 네덜란드의 화가 피터르 브뤼헐Pieter Brueghel의 그림이다. 이 그림의 주인공인 이카로스는 그리스 신화에 등장하는 인물인데, 새의 깃털을 밀랍으로 이어 붙여 만든 날개를 달고 하늘을 날다가 지나치게 높이 날아오른 탓에 그만 태양열에 밀랍이 녹아 추락해 죽고 말았다. 브뤼헐의 그림은 제목처럼 바로 이 이카로스가 추락한 광경을 담은 것이다.

그런데 일반적으로 그리스 신화를 모티프로 한 다른 유명한 그림들과는 달리, 브뤼헐의 이 그림 속에는 어디에도 추락하는 이카로스가 보이지 않는다. 그저 고요하고 평화로운 바닷가 마을의 여느 오후 풍경 같다. 농부는 소를 몰아 밭을 갈고 있고, 목동은 풀을 뜯는 양 떼 가운데 한가로이 서 있다. 바다에는 항해를 마치고 들어오는 배들이 있고, 바위 위에는 낚시를 하고 있는 남자도 보인다. 수평선 너머로 뉘엿뉘엿 해가 저물어가고, 저 멀리 보이는 도시에서는 아무 일도 일어나지 않은 것 같다. 그렇게 그림 속 풍경 여기저기를 숨은그림찾기 하듯 살피다 보면, 오른쪽 아래 귀퉁이에서 낯선 형체를 발견하게 된다. 물결 이는 수면 위에 비죽 튀어나와 있는 그것은, 사람의 발이다. 추락해 바다에 빠진 이카로스의 발. 사람들은 어제와 같은 하루를 보내고, 마을은 평화로운 저녁을 맞이할 준비를 하고, 그리고 어디선가 누군가는 죽어간다. 지금 이 순간에도 어떤 이는 죽어가겠지만 우리는 아무런 인식도 하지 않는 것처럼 말이다. 차마 안타깝게 죽어가는 어린 소년의 얼굴을 볼 수 없어 발만 그린 것일까.

우리나라의 한 해 사망자 수는 대략 20여만 명이다(2012년 기준). 통계청에서는 매년 사망자 수와 함께 사망 원인도 조사하고 있는데, 그중 사망 원인 1등은 단연 암이다. 일 년에 8만여 명, 즉 다섯 명 중 한 명은 암으로 목숨을 잃는다. 그렇다면 두 번째로 많은 사망 원인은 무엇일까? 한 해에 무려 2만 8천여 명의 목숨을 앗아가는 이것은 당뇨병도 아니고, 알츠하이머병도 아니고, 자살도 아니다. 바로 '사인 불명'이다.

사망은 했으나 그 원인을 모르는 경우, 의사는 시체 검안서에 '사인 불명'으로 기재한다. 그러면 국가는 그 원인을 밝히기 위해 검시 절차를 진행해야 함에도 불구하고, 아무도 원인을 밝히려 하지 않고 밝힐 필요조차 없다고 생각해 검시 없이 사망 등록이 가능하게끔 운영되고 있는 실정이다. 무엇 때문에 죽어갔는지 모르는 채 그렇게 세상을 떠나는 사람들이 매년 2만 8천 명이다. 물론 모든 죽음을 과학적으로 규명할 수 있는 것은 아니지만, 그 2만 8천 명의 사람들을 좀 더 자세히 들여다보면 이야기가 조금 달라진다.

대체로 사망 원인 불명의 사람들 중에는 혼자 사는 사람, 나이가 많은 사람, 경제적으로 궁핍한 사람, 학력 수준이 낮은 사람들의 비중이 다른 죽음에 비해 훨씬 높다. 가족이 없어서, 나이가 많아서, 가난해서, 많이 배우지 못해서, 이들은 죽음의 원인을 알지 못한 채 아무런 검증 없이 장례가 치러진다. 더욱 무서운 것은 우리 사회의 어두운 이면인 노인 학대나 아동 학대로 인한 사망이 그 안에 얼마나 포함되어 있을지 아무도 모른다는 것이다. 누군가가 억울하게 죽어가는 일이 없도록 법과 사회가 밝혀내 주기에는 우리나라의 사망 관련 제도와 절차에는 몇 가지 커다란 맹점이 있다.

먼저 가장 흔한 죽음의 풍경인 장례식장을 떠올려보자. 대개 우리 주변에서 누군가가 세상을 떠났다고 하면 그 장소는 병원인 경우가 많다. 갑작스런 사고를 당했거나, 혹은 그동안 앓아왔던 병으로 숨이 멎었을 경우, 보통은 병원이 망자의 마지막 장소가 된다. 담당 의사가 보기에 범죄 혐의나 의료 사고가 의심된다면 경찰에 신고하고 부검을 하게 되지만, 그렇지 않은 대다수의 경우는 병원에서 사망진단서를 발급하고 장례식장으로 이동하게 된다. 그리고 대개는 장례식장에서 삼일장을 치른 뒤 화장 혹은 매장이 이루어진다. 그 사람의 죽음이 국가에 공식적으로 기록되는 절차인 '사망 등록'은 사망진단서 발급 일자로부터 한 달 이내에만 관할 주민센터에 접수하면 된다. 이때는 이미 망자의 시신이 화장 혹은 매장된 후다.

혹은 병원이 아닌 장소에서 사망 사건이 발생하는 경우도 있다. 그 경우에는 가장 먼저 경찰에 신고를 하게 된다. 그 후 경찰과 수사기관에서 부검이 필요한 사건인지 아닌지 판단하게 되는데, 우리나라의 경우 이렇게 신고된 변사 사건 중 약 15퍼센트만이 부검 결정이 내려진다. 나머지 85퍼센트, 즉 수사기관에서 보기에 범죄 혐의점이 없어 보이는 대다수의 사망은 병원에서의 사망과 마찬가지로 장례 후 사망 등록 절차가 이루어진다.

이 모든 경우에서, 시신의 이상 여부를 판단할 수 있는 전문가인 법의학자는 '사망 – 장례 – 사망 등록'의 전 과정에서 아무런 의견을 내지 못한다. 죽음에 대한 전문가의 검증은 전혀 이루어지지 않는다. 아주 오랫동안 우리 사회의 관행으로 굳어진 문화여서 우리는 '장례(화장 혹은 매장) 후 사망 등록'이라는 절차가 이상하다고 여기지 못하지만, 대다수 외국에서는 우리와 정반대의 절차를 가지고 있다. 예컨대 미국, 영국, 일본 등의 경우에는 사망 등록이 먼저 이루어져야만 장례를 치를 수 있다. 유족이 사망 신고를 하면, 법의학자와 같은 전문가의 검토하에 범죄 혐의가 없다는 것을 인증받은 뒤에야 화장 혹은 매장 허가증을 국가로부터 발급받을 수 있고, 그래야 장례식을 치르고 고인을 묻을 수 있게 된다. 우리나라와는 순서가 정반대다. 어느 쪽이 합리적인 사회일까.

여기서 잠시 코끼리를 생각해보자. 지금으로부터 50만 년 뒤, 지구상에서 코끼리가 멸종을 한다. 어느 날 인류의 후손들이 지질 속에서 코끼리 뼈의 화석을 발견한다. 고고학자와 생물학자들이 모여 코끼리 뼈를 이리저리 맞춰보며 무슨 동물일까 추측을 한다. 마침내 그들은 결론을 내린다.

"이것은 '끼리'다."

그들이 맞춰놓은 완성된 뼈 모형 어디에도 지금의 우리가 아는 코끼리의 코는 없다. 코끼리의 코에는 뼈가 없기 때문이다. 코의 근육과 가죽은 모두 썩어 흙으로 돌아간 50만 년 후의 코끼리 화석 어디에도 기다란 코가 있었다는 힌트가 존재하지 않으니 '코'가 빠진 '끼리'만 남는 것이다. 우스갯소리다. 하지만 이처럼 보이지 않고, 기록해두지 않고, 근거를 밝히지 않는 일들은 머지않아 우리 모두의 기억에서 사라진다. 매년 원인을 모른 채 사라지는 2만 8천 명의 사람들이 애초에 우리 사회에 없었던 것처럼 기억에서 휘발되듯이 말이다.

'생존자 편향survivorship bias'이라는 말이 있다. 2차 세계대전 당시 미 공군 수뇌부의 고민은 폭격기 승조원의 생존율이 너무 낮다는 것이었다. 심지어 어느 시점에는 생존율이 50퍼센트에 불과하기도 했다. 그래서 군은 전투기를 보강하기로 계획하고, 귀환에 성공한 전투기들을 조사하기 시작했다. 특히 귀환한 전투기들에서 총탄 자국이 가장 많은 부분이 어디인지를 살폈다(그림). 그리고 총탄 자국이 가장 많이 발견된 동체 중앙을 집중 보강하기로 했다. 하지만 미 공

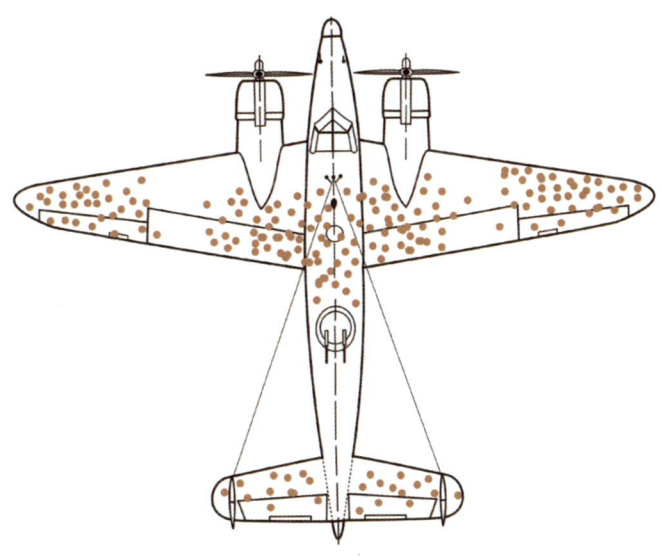

귀환에 성공한 전투기에서 총격을 받은 부위를 나타낸 그림.

군 소속 응용수학 자문단에서 통계학자로 일하던 에이브러햄 월드Abraham Wald는 이 계획에 치명적 오류가 있음을 지적했다.

"아니요. 총탄 자국이 많은 곳이 아니라, 총탄 자국이 거의 없는 엔진 부분을 보강해야 합니다."

귀환한 전투기들은 동체 중앙에 수십 발의 총탄을 맞고도 무사히 돌아왔다. 그러므로 동체 중앙은 그다지 중요한 부위가 아니며, 피격당해 추락한 전투기들은 생존해 돌아온 전투기와는 전혀 다른 부위에 총격을 받았기에 추락했을 거라는 말이다. 이렇듯 실패한 사례는 잘 드러나지 않는 까닭에 성공한 사례만을 보고 잘못된 편향에 빠지는 것을 가리켜 생존자 편향이라고 한다.

우리는 지금 이렇게 살아 있기에 안전하다고 믿는다. 우리는 정당하고 완전하기 때문에 살아 있는 것이 당연하다고 생각한다. 그래서 누군가의 죽음은 바로 그 당사자에게 원인이 있을 거라고 무의식적으로 생각한다. 불의의 사고나 혹은 범죄로 누군가가 사망했다면 가장 먼저 그 사람의 부주의에서 원인을 찾으려 한다. 그가 부주의했기 때문에, 혹은 그 옆의 누군가가 부도덕했기 때문에 일어난 일일 뿐, 완전하고 주의 깊은 우리는 안전하다고 믿는다. 그렇게 믿고 싶어 한다. 그래야 나는 안전하다는 착각 속에서 불안을 다스릴 수 있으니까.

그렇지만 우리는 사실 얼마나 위험에 가까이 있는지 알지 못한다. 죽음이 언제 어디서든 우리를 스칠 수 있다는 사실을 절대로 인지하고 싶어 하지 않는다. 세네카가 말했다. "누군가에게 일어난 일은 누구에게나 일어날 수 있다." 무엇이 위험하고 무엇을 고쳐나가야 하는지에 대한 힌트는 사인 없이 죽어간 2만 8천 명 속에 있다. 우리 옆에서 조용히 사라져간 사람들, 죽어간 사람들 속에 우리 사회의 불완전함이 있다. 우리가 무엇을 놓치고 있는가는 거기서부터 찾아야 한다. 보려고 해야 볼 수 있고, 알려고 해야 알 수 있다. 이미 썩어 뼈만 남은 코끼리의 화석에서는 결코 코를 찾을 수 없다.

내가 좋아하는 이성복 시인의 「그날」이라는 시가 있다. 시의 마지막 구절은 이렇다.

그날 몇 건의 교통사고로 몇 사람이
죽었고 그날 시내 술집과 여관은 여전히 붐볐지만
아무도 그날의 신음 소리를 듣지 못했다
모두 병들었는데 아무도 아프지 않았다

한 사람의 생애의 마지막은 죽음이다. 우리가 누구와 누구의 혼인으로 출생되었다는 사실을 기록하듯이, 그래서 우리가 어떻게 세상에 존재하게 되었는지를 앎으로써 인생을 이루어나가듯이, 죽음에도 앎의 완성이 필요하다. 누가, 언제, 어디서, 무엇을, 어떻게, 왜 죽게 되었는지 알아야 한다. 망자를 대신하여, 살아남은 우리가 죽음의 육하원칙을 완성해야 한다. 그것은 떠나간 사람을 위한 일이기도, 또 그들을 밀어낸 이 세상을 살아갈 우리를 위한 일이기도 하다.

사랑하는 사람의 죽음에
얼마큼 슬퍼해야 할까

무더위가 한창이던 여름날이었을 것이다. 아이들이 아파트 분수대에서 솟아오르는 물을 흠뻑 맞으며 즐겁게 분수 속을 뛰어다니는 모습을 보았다. 덩달아 176센티미터인 내 키까지 심장 박동의 힘으로 혈액이 솟아오르는 것을 느꼈다. 살아 있다는 느낌이 그런 것일까. 그렇게 한바탕 축제 같던 물놀이가 끝나고 텅 빈 분수대 광장에 앉아 있노라니 마치 진공 상태에 있는 것 같았다.

그때 문득, 오늘 부검실에서 만난 아홉 살 여자아이에

대한 생각이 떠올랐다. 언니와 함께 잠들어 있는 줄로만 알았던 둘째 딸아이가 깨어나지 않자, 엄마가 이를 발견한 것이었다. 밤새 안녕이라는 말은 우리 어른들만의 일이 아니다. 작별 인사도 없이 떠난 아이의 엄마와 아빠를 부검이 끝나고 만날 때가 그 어느 부검보다도 가슴을 무겁게 한다. 어린아이가 돌연사하는 경우, 사법당국에서는 혹시 모를 아동학대의 가능성을 확인해야만 하기 때문에 부검을 강제집행하게 된다. 아이들을 위해 반드시 거쳐야 하는 과정이긴 하지만, 이로 인한 부모의 정신적 트라우마까지 고려해 설명을 해야 하는 법의학자에게는 괴로운 순간이다. 전 세계적으로 10만 명에 한두 명 정도 발생하고 아직까지 그 원인을 모르는 급사라는 설명과 함께, 미리 알 수도 없고 예방할 방법도 없으니 부모로서 자책하지 않도록 최대한 배려하는 것만이 내가 할 수 있는 역할이다.

안타까운 사고로 자식을 잃은 유족을 만날 때면 그리스의 마지막 철학자 플루타르코스가 떠오른다.『플루타르코스 영웅전』을 쓴 플루타르코스의 글 모음 중에는「아내에게 주는 위로의 글」이 있다. 자신이 일 때문에 집을 떠나 있던 동안 가장 예뻐했던 딸아이가 사망했다는 소식을 뒤늦게 듣고, 집으로 달려가며 아내에게 쓴 편지다.

> 하지만 여보, 나는 이런 것들이 그 애가 살아 있는 동안에는 우리를 즐겁게 해주다가 지금은 마음에 떠오를 때마다 우리에게 왜 고통과 슬픔을 주어야 하는지 알 수 없소. 그런가 하면 나는 또 고통스러운 생각과 함께 그 아이에 대한 기억도 지워버리게 되지 않을까 두렵소. (…) 그러나 우리 딸은 우리가 어루만지고 보고 들을 수 있던, 세상에서 가장 달콤했던 존재인 만큼 그 아이에 대한 회상도 우리 마음과 생활 속에 살아 있어야 하오. 그것은 슬픔보다 훨씬 많은 기쁨을 안겨주기 때문이오.
>
> _플루타르코스, 「아내에게 주는 위로의 글」(천병희 옮김)

그의 편지를 떠올리며, 부검 결과를 듣는 유족에게 조심스럽게 애도의 말을 덧붙인다.

"제가 감히 상상도 할 수 없는 슬픔이겠지만, 그 아이가 부모님들께 주었던 보석 같은 추억들이 퇴색하지 않을 정도로만 슬퍼하시기 바랍니다."

그리스어 '타나토스thanatos'는 '죽음'을 의미하는데, '어두운', '흐린'이라는 의미를 나타내는 어근에서 비롯되었다고 한다. 다른 한편으로 그리스어 '프네우마pneuma'는 '숨결', '숨쉬기', '영혼'(물리적 몸을 차지하고 지배하는 보이지 않는 활기찬 원리 또는 개체라는 라틴어 psyche)을 의미한다. 우리 몸의 숨구멍을 통해 영혼이 들어오고 나가는데 이것이 멈추면 몸을 떠난 영혼이 다른 세상으로 간다는 뜻이다.

영혼은 어디서 와서 어디로 가는 걸까? 우리는 몸을 통해 고통과 통증도 느끼지만 슬픔과 그리움, 아쉬움, 사랑도 느낀다. 무엇이 주인일까, 몸일까 영혼일까? 만약 몸을 떠난 영혼이 나의 진짜 정체성이라면, 굳이 몸을 통해 인생을 살아야 할 이유는 뭘까? 늘 머릿속에서 떠나지 않는 물음이다. 어쩌면 영혼은 물과 같은 것이 아닐까. 담는 그릇에 따라 물의 형태가 달라지듯, 우리 영혼도 담긴 육체의 색안경으로 세상을 바라보는 것이 아닐까. 개는 개의 감각으로, 고양이는 고양이의 몸으로, 몸에 갇힌 영혼은 그렇게 느끼고 바라보는 것이 아닌지. 우리는 어쩌면 잠수복을 입고 바다를 유영하듯 살아가는지도 모른다. 그래서 오래 입은 옷은 벗기 힘든 것처럼 나이가 들수록 죽음이 두려워지는 것인지도 모르겠다. 그래서 아마도 성인聖人들은 세상을 육체의 닫힌 감각이 아닌 영혼으로 바라보라고 이야기했나 보다.

죽음 이후의 세계는 경험할 수 없으니 우리는 당연히 알 수 없다. 공자조차 "이 삶도 모르는데 저세상 일은 알 수가 없다" 했는데, 타인과 다르지 않은 범부凡夫의 삶을 살아가는 나라고 그 답을 알 리가 있을까. 단지 남들보다 주검을 많이 대하다 보니 삶과 죽음을 자주 생각하는 것일 뿐. 법의학자라고 하면 많은 이들이 내가 무상과 허무를 많이 느낄 거라 짐작하지만, 오히려 생에 대한 강한 의지가 생긴다고 말하면 어떻게 생각할까. 마치 나무의 맨 끝이 곧 맨 앞인 것처럼, 타인의 생의 끝에서 느낀 메시지를 품고 돌아서서 다시 삶을 향해 새로운 시작을 이야기해야 한다는 의무감을 자주 느낀다. 정상에서 굴러떨어진 바위를 끊임없이 다시 밀어 올리는 시시포스처럼 삶에 의미를 부여해야만 한다.

한 대학교에서 진행한 흥미로운 실험이 있다. 학생들이 작은 화분에 보리 한 톨을 심었는데, 실험실 환경이 썩 좋지 않아 여름이 지나도록 자라나는 모양새가 빈약했다. 몇 개월 후 학생들이 화분에서 보리를 뿌리째 꺼내 그 뿌리들을 전부 연결해보니 길이가 무려 1만 킬로미터가 넘었다고 한다. 하물며 우리 인체는 어떨까. 우리 몸속 혈관을 전부 연결하면 무려 지구를 세 바퀴 도는 길이가 된다. 그 길고 긴 혈관에 피가 도는 시간은 단 46초다. 살아 움직이는 모든 사람이 기적이다. 솟아오르는 힘의 표출이고, 솟아오르게 하는 보이지 않는 힘이 있는 것이다.

보리 실험 이야기를 계기로, 생명의 의지와 힘은 물론 관계 맺음에 대해서도 돌아보게 되었다. 여태껏 눈에 보이지 않는 뿌리끼리의 연결과 대화는 알아차리지 못한 채 겉으로 드러난 가지만 보고 있었음을 깨달았다. 주변을 돌아보면 소중하지 않은 존재가 하나도 없다. 선한 마음과 악한 마음이 있을 뿐, 선한 것도 악한 것도 없다. "죽음은 이미 지나갔던가 또는 앞으로 올 것인가. 죽음 속에 현재는 없다"는 보에티우스의 말처럼 모든 존재는 시간이 흐르면서 변화

한다. 그렇기에 '지금' 그리고 '오늘'이 생에 가장 젊고 좋은 날이라고들 하는 것일 테다. 그러니 지금 여기에서 다시 시작하면 된다.

> 나는 왔누나, 온 곳도 모르면서
> 나는 있누나, 누군지도 모르면서
> 나는 죽으리라, 때도 모르면서
> 나는 떠나리라, 갈 곳도 모르면서
> 신기한 일이로다, 즐거운 이 삶…
> 　　　　　　　_카를 야스퍼스, 「나는 있누나 누군지도 모르면서」

가장 가엾은 사람의
길동무가 되어주는 일

몇 년 전의 일이다. 부검이 끝나고 유가족을 만나러 갔는데, 어디선가 본 듯한 낯익은 젊은 여성이 앉아 있었다. 법의학자는 일반 의사와는 달리 같은 사람을 두 번 만나는 일이 거의 없기에 의아했다. 가족을 두 번이나 부검하게 되는 경우는 정말 흔치 않기 때문이다. 알고 보니 그 여성은 이번에는 오빠의 부검 때문에, 그리고 일 년 전에는 엄마의 부검 때문에 우리 부검실을 찾았던 것이다. 시간이 한참 흐른 지금도 가끔 그 여성분이 생각날 때가 있다. 어디서 어떻게 지내고 있는지, 이제는 좀 편히 살고 있는지. 그럴 때면 마음이 먹먹해지곤 했다.

그녀는 아버지를 일찍 여의고, 어머니는 가출한 상태라 어려서부터 오빠와 단둘이 살아왔다. 소년 가장이었던 오빠와 여동생은 그렇게 몇 년을 서로를 의지하며 살았다. 그러던 어느 날 집을 나갔던 엄마가 돌아왔다. 그러나 돌아온 엄마는 남매를 돌보기는커녕 종일 집 안에서 담배를 피우고, 수시로 돈을 들고 나가곤 했다. 그러다 보니 엄마가 돌아오고 나서 오히려 집안 분위기는 더욱 나빠졌고, 오빠와 엄마의 갈등도 커져갔다.

그러던 어느 날, 엄마와 오빠 사이에 돌이킬 수 없는 사건이 벌어지고 말았다. 말싸움은 몸싸움으로 격해졌고, 결국 오빠가 엄마를 죽이게 되었다. 그 일로 오빠는 교도소에 들어갔고, 나는 그 엄마의 시신을 부검하게 되었다. 그때 여동생을 처음 만났다. 끔찍한 사건을 겪은 탓이기도 했겠지만, 원래부터 아주 조용하고 내성적인 친구로 보였다. 그리고 일 년 정도가 지났을 무렵, 교도소에서 오빠가 자살을 했다. 말이 없고 조용하던 그 친구를 다시 만나게 된 것은 그

때문이었다.

　가족이 살인 사건에 휘말리거나 자살하는 일을 겪는 건 상상하기 힘든 고통이다. 그런 일을 한 번도 아니고, 연이어 두 번을 겪는 심정은 오죽할까. 안타까운 마음에 뭐라도 도움이 될 게 있을까 싶어 물어봤더니, 서울로 간다고 했다. 그러고는 소식을 알 수 없게 되었다.

　이런 일을 겪을 때마다 법의학자가 하는 일이란 무엇인가에 대해 생각해보게 된다. 죽음을 맞은 이들과 그들을 떠나보내야 하는 가족들을 위해 내가 할 수 있는 일은 무엇일까. 죽음의 이유를 밝혀주는 것에서 더 나아가 삶의 이유를 찾도록 도와주는 일까지 할 수 있기를 바라는 것은 나의 욕심일까.

　지난 5월, 신경림 시인의 타계 소식을 들었다. 평소 좋아하던 시인이었기에 그의 부고 소식이 마음을 울렸다. 그의 시 중에서 내가 가장 좋아하는 시를 찾아 읽다가, 불현듯 그 여동생이 떠올랐다.

낙타를 타고 가리라, 저승길은

별과 달과 해와

모래밖에 본 일이 없는 낙타를 타고.

세상사 물으면 짐짓, 아무것도 못 본 체

손 저어 대답하면서,

슬픔도 아픔도 까맣게 잊었다는 듯.

누군가 있어 다시 세상에 나가란다면

낙타가 되어 가겠다 대답하리라.

별과 달과 해와

모래만 보고 살다가,

돌아올 때는 세상에서 가장

어리석은 사람 하나 등에 업고 오겠노라고.

무슨 재미로 세상을 살았는지도 모르는

가장 가엾은 사람 하나 골라

길동무 되어서.

_신경림, 「낙타」

낙타는 다른 어떤 동물도 살지 못하는 척박한 땅을 선택하고, 아무도 경쟁하지 않는 그 땅에서 묵묵히 살아간다.

낙타는 입맛도 까다롭지 않아 아무도 건드리지 못하는 사막의 선인장도 잘 먹는다. 그리고 빨리 걸을 수 있음에도 아주 천천히 걸어서 나그네들이 지치지 않게 짐을 옮겨준다. 그렇게 살다가 저 떠날 때는 이 세상 그 누구에게서도 관심받지 못한 채 조용히 간다.

진화론상으로 보면 생태계는 먹이가 풍족한 곳에 동물들이 모여서 경쟁하게 되어 있다. 경쟁에서 우위를 점해 포식자 자리에 올라서야 더 잘 생존할 수 있다. 그런데 낙타는 극악한 경쟁의 땅에서 벗어나 남들과는 반대의 방향으로 간다. 풍요로운 먹을거리가 있는 곳이 아니라 그저 해와 달과 모래만 있는 사막으로.

성경에 "부자가 천국에 가는 것은 낙타가 바늘귀를 통과하는 것보다 어렵다"라는 말이 있다. 워낙 널리 알려진 문구라 성경을 모르는 사람도 다들 알고 있을 것이다. 그런데 이 비유 때문에 언뜻 낙타와 욕심이 하나로 묶여 인식되곤 하는데, 나는 이 부분이 늘 마음에 걸렸다. 사실 이 문장은 잘못 번역된 것으로, 원문에는 낙타가 등장하지 않는다.

원문은 "부자가 천국에 가는 것은 동아줄로 바늘귀를 꿰는 것보다 어렵다"이다. 바늘귀를 통과하는 낙타보다 훨씬 논리에 맞는 비유가 아닌가. 히랍어로 'gamta'는 동아줄이고, 'gamla'는 낙타다. 인쇄술이 발달하지 않았던 과거에는 성경을 필사해 옮겼는데, 그 과정에서 't'가 'l'로 잘못 옮겨진 것이라는 설이 있다. 필기체로 쓰면 혼동하기 쉬운 글자이니 말이다. 그러면서 졸지에 동아줄이 낙타가 되고, 또 졸지에 낙타가 바늘귀를 통과하는 기이한 상상이 펼쳐지게 된 것이다.

이런 단순한 실수로 낙타는 아주 억울한 지경에 놓여버렸다. 그래서 나는 그 성경 문구를 들을 때마다 이런 생각을 한다. '대체 낙타가 무슨 죄란 말인가. 이렇게 무소유로 살다 가는 한없이 무구한 동물인데. 하나도 버릴 것이 없고, 누구하고도 경쟁하지 않고, 누구한테도 신세진 바 없이 살아가는 낙타인데….'

신경림의 시에 나타난 낙타의 삶도 그렇다. 사막을 건널 때면 사람들의 길동무가 되어준다. 죽어서 다시 돌아오면 영혼도 업고 가준다. 바라는 것도 욕심내는 것도 없고 묵묵히 제 할 일을 하다 누구의 관심도 받지 않고 조용히 세상을 떠날 뿐이다. 그래서 이 시를 읽을 때마다 낙타의 삶이 마치 법의학자의 삶과 참으로 많이 닮아 있다는 생각을 했다. 경쟁과 관심의 중심에서 벗어나 있으며, 욕심낼 것 하나 없이 길 떠나는 나그네의 마지막을 함께해주니 말이다.

죽은 사람도 남겨진 사람도 힘든 법이다. 그런 이들이 누구에게 기댈 수 있을까? 그 트라우마에서 벗어나 자기 얘기를 꺼내려면 어디로 가야 할까? 자신의 이야기를 꺼낸다 한들 다 풀리기나 할까? 그들은 어떤 이유를 붙잡고 살아야 할까?

그 모든 질문에 여전히 다 답할 수는 없다. 이곳을 떠나는 나그네의 마지막 길동무가 되어주는 것으로 대답을 대신할 뿐이다. 떠난 이도 남겨진 이도 조금은 덜 외롭게.

파묘와 변호

당신은 죽었고, 당신의 죽음을 둘러싼 재판이 열린다. 당신을 죽인 사람은 진실을 감추기 위해 거짓말을 하고, 그의 변호인은 무고를 외치고 있다. 산 사람과 죽은 사람이 진실을 두고 공방을 벌이는 법정에서 당신을 변호하는 이는 누구일까.

1999년도에 일어난 사건이다. 경기도 성남경찰서에서 내가 있던 전남 장성 국과수로 부검 의뢰 팩스를 보내왔다. 수도권에서 벌어진 사건은 서울 국과수에서 맡을 터이니 그

쪽에 연락하라며 거절했는데, 또다시 팩스가 들어왔다. 시신이 광주에 있으니 우리보고 부검을 맡아달라는 거였다. 그런데 이 사건의 경우 특이하게도 사망자의 시신이 보관된 장소가 영안실이 아니었다. 이미 일 년 전에 광주 시립 묘지에 매장된 상태였다. 곧 경찰은 파묘를 결정했고, 나도 현장에 동행하게 되었다.

경찰을 통해 전달받은 사건의 내용은 다음과 같았다(이해를 돕기 위해 가명을 사용한다). 여러 사람이 복잡하게 얽혀 있는 이 사건은 성남시에 살던 40대 남성 김상구가 경찰서에 신고를 하러 오면서 시작되었다.

"아무래도 아내가 제 고향 후배와 짜고 저를 죽이려는 것 같아요."

경찰은 처음에는 신고자인 김상구를 의처증으로 의심했다. 그러자 김상구가 생명보험 가입 증명서를 내밀며 말을 이었다.

"저는 생명보험에 든 적이 없습니다. 그런데 제 명의로 생명보험에 가입이 되어 있고, 매달 누군가가 돈을 내고 있어요. 누가 돈을 내는지 알아보니 제 고향 후배인 박철홍인 겁니다. 아내가 그 자식과 정분이 난 거예요. 그래서 저를 죽이고 보험금을 타려는 겁니다."

사망 보험금을 노린 살인 미수 사건일 수 있다고 판단한 경찰은 우선 그의 아내 장미숙과 고향 후배 박철홍을 소환해 조사를 시작했다. 그 과정에서 경찰은 장미숙 입에서 엄청난 이야기를 듣게 된다. 박철홍이 일 년 전에도 자기 아내를 죽이고 보험금을 탔다는 내용이었다. 그래서 이미 일 년 전에 사망해 시립 묘지에 묻힌 박철홍 아내의 파묘가 집행된 것이었다.

당시 사건 기록에 따르면, 박철홍의 아내 이정연은 교통사고가 나서 병원에 입원을 했다. 사고 당시 운전은 이정연 본인이 했고, 남편 박철홍은 조수석에 탄 상태였다. 이정연은 머리를 다쳤고 박철홍은 다리를 다쳤으나, 둘 다 생명에 지장을 줄 정도의 부상은 아니었다. 그런데 입원한 지 일주일쯤 되었을 때였다. 박철홍이 이정연을 휠체어에 싣고

다급하게 응급실로 와서는 이렇게 외쳤다.

"우리 와이프가 화장실에서 피를 흘리며 쓰러져 있었어요."

응급실에서는 즉시 처치를 했지만 이미 머리의 출혈이 상당해 결국 사망하고 말았다. 사망의 직접 원인은 낙상으로 보였지만, 최초로 입원한 이유는 교통사고였기 때문에 박철홍에게는 교통사고 사망 보험금이 지급되었다. 그렇게 사건은 일단락된 듯했다.

경찰과 함께 이정연 씨의 파묘 현장에 동행했다. 자신의 죽음이 너무나도 억울했기 때문일까. 신기하게도 일 년이나 지난 이정연의 시신이 거의 부패되지 않고 시랍화가 되어 있었다(습한 환경에 놓인 시신은 부패가 진행되지 않고 밀랍처럼 변하게 되는데, 이를 '시랍화'라 한다. 이러한 시신은 부패가 진행된 경우보다 오히려 손상에 대한 해석을 하기가 더 용이하다). 다행스러운 마음으로 시신 상태를 살폈다. 그런데 논리적으로 앞뒤가 맞지 않는 부분이 눈에 띄었다.

사건 기록에 따르면 사망한 이정연은 병원 화장실에서 휠체어를 탄 채로 넘어지면서 바닥에 머리를 부딪힌 것이 원인이 되어 사망했다고 되어 있었다. 휠체어에 몸이 실린 채로 쓰러졌다면 휠체어가 넘어간 방향에 따라 이마나 옆머리, 혹은 뒤통수 부근에 손상이 있어야 한다. 그런데 이정연의 시신은 머리 맨 꼭대기 정수리 한가운데가 찢어져서 봉합한 자국이 있었다. 남편의 증언과 시신의 손상 부위가 일치하지 않았다. 정수리의 꿰맨 부분을 틀어보니 두개골의 해당 위치에 작은 구멍이 나 있었다.

'이상하다. 이 환자가 두개골 천공술을 받았나?'

당시 상황을 확인하기 위해 담당 의사에게 전화를 걸었다. 사정을 설명하고 이정연 씨에게 어떤 처치를 했었는지 물어보았다.

"저는 두피 봉합만 했습니다."
"그래요? 이상한데⋯. 그분 의무 기록 좀 보내주실 수 있나요?"

"네, 바로 보내드리겠습니다."

이윽고 이정연 씨의 의무 기록과 CT 사진이 도착했다. 최초 입원 당시의 CT 사진을 보면 약간의 뇌부종만 있을 뿐 두개골은 그대로 유지된 채 별다른 이상이 없었다. 그런데 "휠체어를 탄 채로 넘어진" 이후 응급실에서 찍은 엑스레이에는 정수리에서부터 수직으로 뇌의 한가운데를 향하는 공기 음영이 보였고, CT 사진에서는 뇌실질의 여러 부위에 동시다발적으로 다량의 뇌출혈이 발생한 모습과 공기가 들어찬 흔적이 관찰되었다. CT에서 보이는 이정연의 뇌는 그야말로 흐물흐물해진 상태였다. 박철홍의 진술 조서를 대조해보았다.

새벽 5시경에 아내가 세면을 하고 싶다고 해서 휠체어에 태워 2층 화장실에 데려갔습니다. (※ 2층 화장실은 리모델링 중이라 다른 사람들이 사용하지 않는 상황이었음) 거기에 아내를 데려다 놓고, 저는 수건을 가지러 4층 병실로 올라갔습니다. 그리고 수건을 챙겨 다시 2층 화장실로 내려가는데, 화장실 쪽에서 쿵 하는 소리와 함께 "여보 살려줘!" 하는 외침이 있었습니다. 얼른 화장실로 달려가 보니 아내가 피를 흘리며 쓰러져 있었습니다. 그래서 급히 다시 휠체어에 태워 응급실로 데리고 갔습니다.

박철홍의 진술은 여기까지였다. 일반인이 보기에는 자연스러운 진술처럼 느껴질 수 있다. 하지만 법의학자의 입장에서는 전혀 그렇지 않다. 박철홍은 "화장실 쪽에서 쿵 하는 소리가 났고, 그곳에 가보니 피를 흘리고 쓰러진 아내가 '여보 살려줘' 하고 외쳤다"고 했다. 다시 말해 박철홍이 화장실에 도착했을 때는 이미 이정연이 피를 흘리고 쓰러진 상태다. 즉, 응급실에서의 마지막 CT 사진과 같이 뇌가 온통 흐물흐물해진 상태다. 박철홍은 이때 이정연이 "여보 살려줘" 하고 외쳤다고 진술했지만, 이러한 뇌 상태에서는 그 어떤 사람도 말을 할 수 없다. 그럼 사람은 어떤 상태에서 말을 할 수 있을까? 당연히 뇌가 정상인 상태, 즉 쓰러지기 전의 상태에서만 말을 할 수 있다. 박철홍의 진술 내용을 의학적 논리에 맞게 순서를 재배치해보면 다음과 같다.

새벽 5시경에 아내를 휠체어에 태워 2층 화장실에 데려갔습니다. (※ 2층 화장실은 리모델링 중이라 다른 사람들이 사용하지 않는 상황이었음) 아내가 쿵 하는 소리와 함께 "여보 살려줘!" 외쳤습니다. 아내가 피를 흘리고 쓰러졌습니다. 그래서 급히 다시 휠체어에 태워 응급실로 데리고 갔습니다.

인간에게는 무한한 상상력이 있을 것 같지만, 사실 인간은 경험해보지 못한 거짓말은 하지 못한다. 외계인을 예로 들어보면, 우리는 외계인을 만난 적이 없기에 외계인의 외모를 상상할 때 인간이나 동물의 생김새를 기준으로 변형시킬 뿐이다. 눈이 백 개 달렸다거나 혀가 촉수처럼 뻗어 나온다거나 하는 식으로, 자신이 알고 있는 경험치에 근거해 거기서 조금씩 거짓을 보탤 뿐이다.

"여보 살려줘"라는 아내의 외침을 들었다는 박철홍의 진술은 사실일 것이다. 다만 그 순서를 바꾼 것이다. 이정연은 자신을 공격하려는 남편에게 살려달라고 외쳤고, 그럼에도 불구하고 무참히 살해당했다. 단지 말 한 마디의 순서를 바꿨을 뿐이지만, 여기서 의학적 오류가 생겼고, 그 때문에 박철홍은 발목을 잡히고 말았다. 일 년 만에 비로소 쓰여진 이정연의 부검 감정서를 바탕으로 박철홍은 아내를 살인한

죄로 법의 심판을 받게 되었다.

나중에 밝혀진 사건의 전말은 이랬다. 박철홍은 아내의 사망 보험금을 노리고 아내가 운전석에 탔을 때 교통사고를 고의로 유발했다. 그러나 계획과 달리 아내는 부상만 입은 채 병원에 입원하게 되었다. 이번에는 더 확실한 방법이 필요하다고 판단한 그는 아내를 휠체어에 태우고 새벽 시간 아무도 없는 화장실을 찾았다. 살려달라는 아내의 외침을 뒤로하고 쇠파이프로 머리를 내리치고, 그것도 모자라 정수리 한가운데를 드릴로 뚫었다. 그리고 마치 낙상 사고로 쓰러진 아내를 발견한 것처럼 응급실로 달려갔던 것이다.

안타까운 사실은 이정연 씨가 화장실에서 쓰러진 후로도 8일간이나 입원을 이어갔다는 것이다. 영상의학에 대한 기초 지식만을 갖고 있는 법의학자의 눈에도 훤히 보이는 이상 소견을 8일이라는 기간 동안 임상의사가 보지 못했다는 것이 씁쓸했다. 이미 교통사고로 입원한 환자이니 그 후에 발생한 다른 증상에 대해서도 별다른 의심을 하지 않았던 것이다. 의학도들에게 유명한 격언이 있다. "말발굽 소리가 나면 얼룩말이 아니라 그냥 말을 떠올려라." 환자에게 어떤 증상이 발생했을 때, 선입견을 갖지 말고 증상을 있는 그대로 봐야 한다는 의미다.

한 가지 다행인 것은, 아이러니하게도 박철홍이 범죄를 멈추지 않은 덕분에 자칫 완전범죄로 묻힐 뻔했던 이정연 씨의 사건이 세상 밖으로 드러났다는 것이다. 만약 박철홍의 고향 선배인 김상구 씨가 자신의 생명보험 가입을 이상하게 여기지 않았더라면, 혹은 경찰에 신고하기 전에 사망했더라면 이정연 씨의 사건도 영영 묻혔을 뻔했다. 파묘까지 해가며 부검한 끝에 이정연 씨의 억울한 죽음을 밝혀줄 수 있어서 정말 다행이었다.

법의학자는 때로는 죽은 이들을 위한 변호사가 되어야 한다. 아무런 항변도 호소도 할 수 없는 망자의 옆에 우리가 서 있을 것이다.

물에 빠진 아이는
누가 구해야 할까

우리는 살아가면서 다양한 방식으로 철학적 사고 실험과 같은 상황을 맞닥뜨리게 된다. 몇 년 전 읽은 피터 싱어의 『물에 빠진 아이 구하기』라는 책에 흥미로운 사고 실험이 있었다.

출근길마다 작은 연못가를 지난다. 오늘도 역시 그곳을 지나는데 연못에 첨벙거리는 아이가 있는 게 아닌가. 아이는 물 밖으로 나오지 못하고 허우적대고 있다. 주위에 아무도 없나, 부모나 유모는? 하고 둘러보지만 아무도 보이지 않는다. 뛰어들어가 구하지 않으면, 빠져 죽고 말 것이다. 물에 들어가기란 어렵지 않고, 위험하지도 않다. 하지만 며칠 전에 산 새 신발이 더러워질 것이다. 양복도 젖고 진흙투성이가 되리라. 아이를 보호자에게 넘겨주고 옷을 갈아입고 나면, 틀림없이 지각이다. 이제 어떻게 할 것인가?

각자의 정의에 대해 묻는 질문으로, 정답이 없는 듯 굴고 있지만 사실은 모두가 알다시피 정답이 정해져 있다. 신발이 망가지더라도, 양복이 더러워지더라도, 회사에 지각을 하더라도, 당연히 우리는 어린아이를 구해야 한다. 그러면 질문을 조금 바꿔보자.

당신은 출근길에 연못을 지나다 물에 빠진 아이를 발견했다. 깜짝 놀라 멈춰섰고, '옷이 더러워지더라도 일단 아이를 구해야겠다' 하고 생각하는 찰나에 두 번째 행인이 다가왔다. 그 역시 아이가 위험하다는 생각에 다가온 것이다. 그리고 세 번째, 네 번째 행인까지 모여들었다. 그렇다면 이제 아이는 누가 구해야 할까? 네 명 중 수영을 가장 잘하는 사람? 시간이 가장 많은 사람? 이 문제에도 정답이 있을까?

사람마다 대답이 다를 수 있지만, 나는 이 문제에 답은 단 하나뿐이라고 말하고 싶다. 물에 빠진 아이를 구할 수 있는 것은 수영을 제일 잘하는 사람도, 시간이 가장 많은 사람도 아니다. 단 하나의 정답은 '물에 빠진 아이를 가장 먼저 본 사람'이다. 우리는 머뭇거리지 않고 즉시 뛰어들어야 한다. 아이에게 달려가느라 두 번째 사람, 세 번째 사람이 오는 것도 보지 못했어야 한다. 이 사고 실험에서 말하는 '물'은 정말로 출렁이는 연못의 물이 아니다. 학대당하고, 방임되고, 외면당하고 있는 아이들이 허우적거리고 있는 그 차가운 세계다.

부검했던 사건을 떠올리다 보면 기억에 남는 유족들이 있다. 그중에서도 특히 어린아이들이 유족인 경우는 더욱 마음에 밟힌다.

초등학교 5학년 아이가 학교 끝나고 동생과 함께 집에 도착했을 때였다. 현관문을 열고 집 안으로 들어서자마자 두 아이는 "엄마!" 하고 소리지르며 부엌으로 달려갔다. 엄마가 머리에는 검정 비닐이 씌워지고 목은 전선으로 감긴 채 부엌 바닥에 쓰러져 있었기 때문이었다. 두 아이는 바로 아빠에게 전화를 걸었다. 당시 아버지는 빚쟁이들을 피해 집이 아닌 다른 곳에서 지내며 일용직으로 일하고 있었다. 아이의 연락을 받은 아버지는 급히 차를 몰아 집으로 달려왔다. 그러고는 아내를 보자마자 밖으로 뛰쳐나가 토를 하고는 경찰에 신고 전화를 걸었다.

곧 경찰과 현장 감식반이 도착했다. 수사가 시작되었으나 범인을 특정하지 못한 상태에서 아내의 시신이 부검실로 옮겨졌다. 부검에 들어가기 전 수사과장에게서 사건 현장 사진과 설명을 전달받는데, 한 가지 특이한 점이 눈에 들어왔다. 사건과 직접적인 관련이 없어 보이는 현관 밖 복도에 누군가의 토사물이 있는 게 이상하다 싶었다. 수사과장에게 물어보니 사망자의 남편, 아이 아버지의 것이라고 했다. 큰 아이의 진술에 따르면, 아빠가 집에 들어와 엄마를 보자마자 밖으로 나가 토하고 들어온 뒤, 엄마 머리에 씌워진 검정 비닐을 벗기자마자 다시 한번 달려나가 토를 했다고 했다.

나는 그 이야기를 듣고는 수사과장에게 말했다.

"남편이 조금 의심스러운데요."

"왜요? 무슨 이상한 점이라도 발견하셨습니까?"

"남편이 아내의 죽음을 인식한 시간이 너무 빠릅니다. 일반적이지 않아요."

일반적으로 사람은 가까운 이의 죽음을 인식하는 것이 상당히 어렵다. 상태를 정확히 판단하고 죽음을 받아들이기까지 시간이 꽤 걸린다. 그런데 그는 아내를 보자마자 토하고, 머리에 씌워진 비닐을 벗기자마자 또 한 번 뛰쳐나가 토를 한 것이다. 비닐을 벗기기 전부터 이미 아내가 사망했다는 것을 알고 있는 듯한 반응이다.

수사는 급물살을 타 남편은 장례를 치르자마자 체포되었다. 그리고 사건의 진상이 밝혀졌다. 평소 부부는 돈 때문에 싸움이 잦았다. 사건이 있던 그날도 둘 사이에 심한 싸움이 벌어졌고, 그 과정에서 남편이 아내를 세게 밀쳤는데 아내가 그만 뒤로 넘어지면서 의식을 잃고 만다. 아내가 죽었다고 생각한 남편은 강도가 들었던 것처럼 위장하려고 아내의 머리를 검정 비닐로 씌우고 전선으로 목을 감은 뒤 부엌 바닥으로 옮겼다. 아내를 옮기는 동안 힘에 부쳐 몇 번을 바닥에 떨어뜨리기도 했다. 그리고 강도의 발자국처럼 보이도록 자신의 차에서 공사 현장 안전화를 가져와 신고서 집 안 곳곳에 일부러 발자국을 남겼다. 그러고는 안전화를 근처 다른 공사장에 버리고 숨어 있다가 아이의 전화를 받고 급히 온 것처럼 꾸민 것이다.

부검 결과 정말 안타까운 사실이 드러났다. 아내의 머리 곳곳에서 멍이 발견된 것이다. 멍이 들었다는 것은, 살아 있었다는 것이다. 남편이 아내의 머리에 비닐을 씌우고, 전선으로 목을 감고, 부엌 바닥으로 끌고 가며 쿵쿵 떨어뜨리던 그 순간만 해도 아내는 살아 있었다. 그러나 아내는 남편의 잘못된 판단과 비정한 선택으로 생때같은 아이 둘을 남기고 생을 마감하게 되었다.

범인이 밝혀지고 수사는 마무리되었지만, 마음은 한없이 착찹했다. 남겨진 두 아이가 감당해야 할 슬픔이 체증처럼 가슴을 짓눌렀다. 가족 간에 범죄가 일어나 아이들만 남겨진 경우를 보는 일은 늘 괴롭지만, 특히 이번에는 아이의 진술이 결정적 증언이 되어 아버지가 범인으로 밝혀진 사건이었다. 엄마는 죽었고, 아빠는 엄마를 죽인 상황에서, 자신이 아빠를 범인으로 진술했다는 죄책감은 아이가 커가는 내내 얼마나 큰 족쇄가 될까.

이따금씩 그 아이들의 얼굴이 떠오른다. 그럴 때면 한동안 머리에서 그 아이들이 떠나지를 않는다. 빚쟁이들을 피해 따로 살았던 아버지, 친척들에게까지 빚을 졌다는데 누가 아이들을 맡았을까? 살인자가 된 아버지 쪽인 친가에서? 아니면 살인 피해자가 된 어머니 쪽인 외가에서? 이 아이들을 물에서 건져낸 사람은 누구일까. 혹시 아직도 물 속에 잠겨 있는 것은 아닐까.

그 전까지만 해도 물에 빠진 아이를 보고 어쩔 줄 몰라 했던 나는 이 사건의 아이들을 발견하고서야 비로소 물에 뛰어들기 시작했다. 범죄의 피해자이건 가해자이건 가리지 않고, 사건 이후 홀로 남겨진 아이들을 누군가는 도와야 했다. 그리고 나는 아이들을 발견한 첫 번째 사람이었으니, 이것저것을 따지며 머뭇거리기 전에 물에 뛰어들기로 했다.

존 에버렛 밀레이, 〈가을 낙엽〉, 1856

John Everett Millais, Autumn Leaves, 1856, oil on canvas, 104×74cm, Manchester City Art Gallery, Manchester.

가해자도 피해자도 아닌,
어떤 아이들

    부검을 하면 한 건당 50만 원의 부검 수당을 경찰청으로부터 받는다. 정부 산하의 국과수가 아닌 민간 기관인 대학병원 소속의 법의학교실이기 때문이다. 이런 부검을 '위탁 부검'이라 한다. 건당 50만 원의 부검 수당에서 부검에 들어가는 여러 경비와 과 운영비를 제하고 나면 정말 소액의 돈이 남는다. 실비 이외에 감정 업무에 대한 수당, 즉 지적 노동에 대한 수당은 없는 셈이다. 그러다 보니 어쩌다 일정 건수 이상 부검을 하지 못할 때는 교수인 내 월급에서 모자란 운영 비용을 충당하는 경우도 있다. 이따금 부검 수당을 궁금해하는 사람들에게 "우리 팀 네 명의 부검 수당이나 부검실까지 시신을 운구해 온 운구차의 경비나 비슷하다"고 설명해주면 그제야 우리의 현실을 이해하기도 한다.

비록 아주 큰 금액은 아니지만 그래도 부검 수당에서 조금은 남을 때가 있다. 이 돈의 일부라도 어떻게 하면 좋을까 궁리하다 '전북 법의학 연구소'라는 이름의 비영리 법인을 하나 만들었다. 부검 수당을 모두 이곳 법인으로 받아서 운영 경비를 제하고 남은 수익금은, 얼마 안 되는 액수이긴 하지만 사회에 환원하는 것이 목표다. 특히 그중에서도 사건 뒤에 남겨진 아이들을 후원하는 데 주로 쓴다. 부검이라는 법의학 세계에서 받은 돈을, 거기에 연결되어 있는 이들에게 돌아가게끔 만드는 것이 순리가 아닐까 싶다.

비영리 법인까지 거창하게 만들었지만 후원하는 일이 그리 쉬운 것만은 아니다. 가장 어려운 부분은 공개적으로 후원할 수 없는 경우가 대부분이라는 것이다. 아이들에게 "너를 후원해준 사람은 너의 엄마 혹은 아빠를 부검한 사람이야"라는 것이 밝혀져서는 안 되겠다는 생각이 들었다. 범죄 사건을 떠나 부검에 대한 트라우마가 아직 어린 아이들에게 어떻게 작용할지 모르는 일이니 언급되는 상황을 만들고 싶지 않았다. 그래서 주로 에둘러 후원을 했는데, 그 과정이 멀고 먼 경우도 있었다.

한번은 국제결혼 가정의 아이를 몰래 후원한 적이 있었다. 한 필리핀 여성이 나이 많은 한국 남자와 결혼했다. 남자는 간경화에 알코올 중독이 심했던 데다 거의 매일 아내를 때리는 사람이었다. 남편의 폭행이 너무 심해서 경찰도 수차례 다녀갔을 정도였는데, 결국 어느 날 그녀는 남편에게 맞아 사망에 이르게 되었다. 그리고 아내가 사망하자 남편도 뒤이어 자살을 하고 말았다. 아이만 홀로 덩그러니 남겨놓은 채로. 내가 부검한 것은 그 필리핀 여성이었다.

엄마는 아빠에게 맞아 죽고, 아빠는 자살해 혼자 남겨진 아이. 외가 식구들은 모두 필리핀에 있어서 아이는 결국 고모가 친권 대리인이 되었다. 그러나 고모 역시 경제적인 형편이 좋지 않아서 아이에게 후원이 필요한 상황이었다. 그래서 처음에는 다른 기관을 통해 우회적으로 아이에게 지정 후원을 보냈다. 그런데 아이가 잘 지내는지 확인할 방법이 없어 걱정이 되었다.

그래서 아이가 살던 지역의 초등학교를 찾아 여러 선생님들께 조심스레 물어가며 아이의 소식을 알 법한 사람을 찾았다. 나중에 들려온 소식은 필리핀에 있는 외가 식구들이 아이를 데려갔다고 했다. 나는 왠지 조금 안도가 되었다. 엄마의 나라에서라면, 비극이 벌어진 한국에서 조금이라도 멀리 떨어진 곳에서라면, 아이가 자신에게 씌워진 슬픈 낙인을 벗고 조금은 가벼운 마음으로 살아갈 수 있지 않을까. 부디 건강한 어른으로 성장하기를 바라본다.

내가 그 아이들을 후원한 것은 가장 먼저 그들을 발견했기 때문이다. 하지만 한 사람의 지원만으로 세상은 변하지 않는다. 두 번째 사람, 세 번째 사람이 함께 물에 빠진 아이를 구하기 위해 뛰어들어 주면 좋겠다. 피해자도 가해자도 아닌, 그저 엄청난 슬픔과 파괴 속에 남겨진 아이들을 위해 가장 먼저 본 우리 모두가 그 아이들을 안아주었으면 좋겠다.

생이 종료되기 전에
만난 아이

장성 국과수에서 근무하고 있을 때였다. 어느 날 제주지방법원의 검사로부터 한 통의 전화를 받았다. 한 아버지가 부검만이라도 타 지역의 국과수에 의뢰하고 싶어 한다는 연락이었다. 보통은 경찰이 부검을 의뢰하기 마련인데, 검사가 직접 연락을 해온 게 뭔가 사연이 있겠구나 싶었다.

까닭은 이랬다. 일 년 전 교통사고로 팔에 철심을 박았던 여고생이 그 철심을 제거하는 수술을 받으러 갔다. 간단한 수술이라 금방 끝날 줄 알았는데, 아버지는 딸이 중환자실로 옮겨졌다는 청천벽력 같은 전화를 받게 된다. 그때까지만 해도 곧 깨어날 거라고 생각했다. 아무 지병도 없었고, 수술 끝나고 친구들을 만나고 오겠다며 나가지 않았던가. 고작 일 년 전 팔에 박았던 철심을 제거하는 수술을 받는데, 의식을 잃고 중환자실에 실려갈 수도 있다고 누가 상상이나 했을까.

한 대학의 호텔경영학과에 수시 합격해 이제 막 대학생이 될 꿈에 부풀어 있던 딸이었다. 그런 생때같은 딸이 마취 중 뇌출혈로 혼수상태가 되었다니. 아버지는 병원 측의 이야기를 도저히 믿을 수 없었다. '의료 과실이 분명하다. 하지만 의학에 대해 아무것도 모르는 내가 이를 무슨 수로 증명할 것이며, 대형 병원을 상대로 소송에서 어떻게 이길 수 있을까.' 수사한다고 해도 경찰은 병원의 이야기만 믿어줄 것 같았다. 병원의 주장을 반박할 수 있는 정확한 증거가 필요했다. 아버지가 찾을 수 있는 증거는 딱 하나뿐이었다. 바로 딸의 부검 감정서였다.

혹시 모를 지역 카르텔이 있을 수 있으니, 딸의 부검만큼은 객관적이고 공정한 기관이 해야 한다고 아버지는 확신했다. 경찰을 믿을 수 없던 아버지는 검사를 찾아가 딸의 부검을 타 지역 국과수에 맡겨달라고 간곡히 부탁했다. 그래서 전남 장성 국과수에 있던 나에게 연락이 온 것이었다. 그렇지만 모든 이야기를 듣고 난 나는 그 부검을 거절할 수밖에 없었다. 그것은 할 수 없는 부검이었기 때문이다.

"언제 사망했나요?"
내 물음에 검사는 답했다.
"아직 살아 있습니다."
"아직 살아 있는데 부검을 의뢰하면 어떡합니까. 사망하게 되면 그때 연락을 주십시오."

그리고 석 달 뒤, 다시 제주도에서 전화가 왔다. 그 여고생이 사망했다고. 이제 부검을 할 수 있다고. 가끔 제주도에 내려갈 때면 아는 선후배를 만나고 오기도 하는데, 그날은 아무에게도 연락하지 않고 조용히 내려갔다. 내가 제주에서 일하는 어느 의사를 만났다는 것만으로도 부검 결과에 영향을 미쳤을지 모른다고 의심할 정도로 아버지의 불신이 가득했기 때문이다. 부검실에 들어섰다. 진료소견서에 특이사항은 뇌출혈밖에 없어 뇌를 면밀히 살펴보기 시작했다. 그날 다 보기에는 시간이 부족해 적출한 뇌를 국과수로 이송해 나머지 부검을 이어갔다.

그즈음 아이 아버지가 나를 찾아왔다. 장성역 앞이라며 제발 한 번만 만나달라고 사정했다. 안 된다고 전화를 끊어도, 제주도에서 왔다며 몇 번을 다시 전화를 걸어왔다. 그 마음이 오죽할까 싶어 결국 아버지를 만나러 갔다. 우리는 장성역 앞의 조그마한 정육 식당에서 만나 소주를 기울이며 이야기를 나누었다. 그분은 고기는 두고 소주만 드셨는데, 잔도 아니고 아예 밥공기에 부어 마셨다. 그래야 속에서 활활 타는 불을 꺼뜨릴 수 있겠다는 듯이.

그분은 내내 죽은 딸 이야기를 하며 웃었다 울었다. 딸이 둘 있는데, 그 아이가 작은딸이었다고 했다. 동네를 휘젓고 다닐 정도로 활발한 아이였는데, 그렇게 밝았던 아이의 시계가 열아홉 살에 멈출 줄은 몰랐단다. 철심 제거는 하지 않아도 된다는데 그냥 둘걸, 그날 아침에 얼굴이라도 보고 나갈걸, 우리 아이에게 왜 이런 일이 일어났는지 제대로 알기만이라도 하고 싶다고 그는 무너져 내렸다. 나는 담담하게 말했다.

"안심하세요. 저는 사실 그대로 말하는 사람입니다."

병원 측은 뇌출혈로 인한 사망이라고 했지만, 부검 결과 뇌의 어디에도 출혈 흔적은 없었다. 사망 이후 시간이 경과되며 출혈이 조직에 흡수될 수도 있기에, 크로스 체크 차원에서 영상의학과 교수에게 문의를 했다. 그 어떤 정보도 주지 않은 채, 수술 전후의 CT 사진과 중환자실에 있을 때의 CT 사진을 보여주며 사진에서 뭐가 보이느냐고 물었다. 그러자 약간의 부종 외에 별다른 소견이 보이지 않는다고 했다. 재차 물었다.

"뇌출혈이 혹시 있나요?"
그가 대답했다.
"없습니다."

이제 사망 원인의 가능성은 하나였다. 마취 중에 무슨 문제가 있었을 것이다. 마취용 호흡기를 잘못 유지했거나 과량 투여로 인한 호흡 부전 등이 발생했을 수 있다. 이것을 법의학에서는 '마취 연관 사망'이라고 한다. 마취 약물이 다 빠져나가버리면 더 이상 자세한 사인을 밝힐 수 없기 때문에 여고생의 부검으로 알 수 있는 것은 여기까지였다.

'마취 연관 사망. 단, 뇌출혈은 없음.'

이러한 내용으로 감정서를 제출했고, 병원 측의 업무상 과실치사로 재판이 시작되었다. 그런데 누구의 과실치사라고 해야 할까. 수술한 정형외과 의사일까? 마취과 의사일까? 아니면 뇌출혈이 없는데 뇌출혈이 있다고 진단한 영상의학과 의사일까? 검찰은 나의 감정서에 따라 마취과 의사를 기소했다. 그날 나는 증인으로 소환이 되었다. 기꺼이 제주도까지 가서 법정에서 감정서에 쓴 내용을 그대로 증언했다. 뇌출혈은 보이지 않는다고. 재판 결과 마취과 의사는 업무상 과실 치상죄로 벌금 1천만 원을 선고받았고, 이후 진행된 민사 소송에서도 아버지의 승소로 끝이 났다.

장성역 앞의 정육 식당에서 아이의 사망 원인만 알아도 원이 없겠다던 아버지는 재판이 끝난 후 이런 연락을 주었다.

"이제 딸아이 방을 정리하려고요."

나는 아버지의 말에 짧게 "그러십시오"라고 답했다. 그리고 그 결정을 응원해주었다.

"어려운 결정 하셨습니다. 이제 그만 보내주십시오."

검사를 찾아가 타 지역 국과수에 부검을 의뢰하고, 장성까지 버선발로 달려와 제대로 부검 소견을 내달라고 간곡하게 부탁하던 아버지가 할 수 있는 일은 이제 딸을 떠나보내는 것뿐이었다.

"술 너무 많이 드시지 마시고요."

마지막 인사를 전하려던 순간, 그가 조심스레 말을 꺼냈다.

"저… 이제 형 동생으로 지내면 어떻겠소?"

나는 그저 내 일을 했을 뿐인데, 그는 그게 너무 고마웠나 보았다. 그 마음을 받고 싶었다.

"그래요. 그러지요. 슬프고 힘들고 그러면 오세요. 술 한 잔씩 해요."

누군가의 과실로 사랑하는 이를 보내서야 안 되지만, 그 가족을 더욱 괴롭혔던 것은 죽음을 가리고 있던 거짓이었다. 거짓을 밝히기 위해 싸움을 시작한 아버지를 그 누가 도와줄까. 죽음 앞에서 유족들은 앞으로 헤쳐 나가야 할 일들이 많다. 그때 내가 같이 있어줘야 한다고 생각했다. 그들이 싸움을 시작할 때 뒤에 있어주고, 오해가 있다면 풀어주고, 억울하다면 같이 맞서줘야 하는 것까지가 나의 일이다.

그 아이가 떠난 지도 20여 년이 흘렀다. 큰딸은 결혼을 하고 이제 마흔이 넘었는데, 작은딸은 여전히 열아홉 살에 머물러 있다. 요즘도 제주에 가면 종종 그 형님께 연락을 드리는데, 그동안 얼마나 마음고생을 했는지 이가 단 한 개도 남지 않았다. 텅 빈 입으로 소주를 밥공기에 부어 드신다. 한번은 우리 둘이 제주에서 소주 한 짝을 다 마신 적도 있다. 형님네는 명절이면 내게 생선을 보내오고, 나는 매년 어버이날이면 형님에게 홍삼을 보낸다. 작은딸 대신이라고 생각하며.

외젠 카리에르, 〈그녀의 어머니의 키스〉, 1899

Eugène Carrière, Le Réveil, Le Baiser à la mère (Her Mother's Kiss), 1899, oil on canvas, 94x120cm, Pushkin Museum, Moscow.

2부

삶은 죽음으로부터
얼마나 멀리 있는가

죽음에 이르는 크고 작은
일련의 점들

　서른네 살 되던 해, 광주 국과수로 발령을 받고 첫 부검을 하게 되었다. 봄꽃이 흐드러지게 핀 5월 초였던 것으로 기억한다. 눈부시게 좋은 계절에 한 부부가 산에 놀러 갔다가 사고를 당했다. 주차장에서 후진하는 남편의 차를 봐주다가 아내가 그 차에 치이고 만 것이다. 당시만 해도 차량에 충돌 방지 센서 같은 것이 없었던 시절이니, 후진하는 데 신경 쓰느라 운전석에선 뒤쪽이 잘 보이지 않았을 수 있다.

　아내는 급히 대학병원으로 후송되었지만 장파열이 너

무 심해서 수술 후 복강 내 출혈로 결국 사망하고 말았다. 가족들은 수술이 잘못돼서 돌아가셨다고 이의를 제기했고, 병원에서는 환자의 상태가 워낙 좋지 않았기에 사망에 이른 것이며 최선을 다해 처치했으므로 의료 과실이 아니라고 주장했다. 고인의 사망 원인이 의료 과실로 인한 것인지 아닌지를 밝혀야만 했고, 그것이 나의 첫 부검이었다.

결론부터 말하자면 그 사건의 경우 병원에 책임을 묻기에는 애초 환자의 손상이 너무 컸다. 모든 부검이 끝나고 나는 의료 과실로 볼 수 없다는 결론을 내릴 수밖에 없었다. 참 안타까운 사건이었다. 어떻게 보면 아버지가 어머니를 죽인 셈이 되어버렸기 때문이다. 죄책감과 비통함이 온 가족을 짓눌렀을 테니, 가족들은 차라리 의료 과실이라 믿고 싶은 심정이었을 것이다.

첫 부검을 마치고 나서 문득 이런 생각이 들었다. 가족이 아프거나 사고를 당해 병원에서 사망했는데 뭔가 이해되지 않고 미심쩍다면, 누군가가 나서서 제대로 이해시켜줘야 하지 않을까? 죽음의 진실을 자세히 밝혀줄 사람이 있어야 하지 않을까? 객관적 진실을 전하되 가족의 마음을 헤아리면서 그들이 납득할 수 있도록 설명해줄 수 있는 사람 말이다. 그날, 유가족과 병원을 중재해줄 기관의 필요성을 절실히 느꼈다.

부검을 할 때면 항상 이런 의문이 든다. 무엇이 잘못되어 이 사람은 여기 시신으로 놓여 있는 걸까? 만약 중간에 잘못된 부분을 찾아 사전에 예방할 수 있었다면, 부검대에 시신으로 오르는 일을 막을 수 있지 않았을까? 부검을 한다는 것이 한 사람의 죽음, 그 진실을 밝히는 데서 끝나는 일이 아니구나. 죽음에 이르기까지의 과정을 되짚어보고 문제를 찾아내는 것, 그래서 같은 사고가 재발하지 않도록 방지하는 것, 거기까지 나아가야 한다고 생각했다.

의료사고 역시 마찬가지다. 만일 병원에서 사망한 경우 의사가 고의적으로 그랬다면 마땅히 살인죄나 상해죄가 된다. 이것은 사고가 아니라 범죄다. 반면 사고는 중립적으로 봐야 한다. 고의가 전혀 없었음에도 의도치 않게 나쁜 결과가 벌어지는 것이 사고다. 절차대로 최선을 다해 조치를 했음에도 미처 염두에 두지 못한 변수들로 사고가 일어날 수 있다. 그런데 사람들은 의료사고라고 하면, 무조건 의료 과실과 동일시하는 경향이 있다. 의료진의 실수가 있었다는 것이 입증됐을 때를 의료 과실이라 하고, 실수가 입증되지 않았을 때는 의료 '사고'라고 해야 한다.

임상법의학을 다룰 때 가장 기본이 되는 전제 조건은 의사가 얼마나 집중하고 최선을 다했느냐이다. 의사는 신이 아니기에 집중하고 최선을 다했음에도 실수할 수 있다. 그래서 단순한 사고인지, 과실치사인지, 고의성이 있는지 등 병원 내 사망에 대해서는 어떤 형태로든 제삼자가 면밀하게 살펴보고 진실을 가려낼 필요가 있다. 이해관계가 없는 전문가가 의사와 환자, 양쪽을 객관적으로 다룰 수 있어야만 진실도 규명될 수 있기 때문이다.

지금은 의료분쟁조정중재원이라는 기관이 있어, 주로 이곳에서 의료사고에 대한 조정과 중재를 담당한다. 하지만 '조정'이라는 건 강제성이 없기에 당사자들이 받아들이지 않으면 법정으로 가야 한다. 그러면 시간이 훨씬 많이 소요

되고 진행 과정이 복잡해질뿐더러 비용도 만만치 않게 들어간다. 특히 환자 가족이나 유가족들은 길고 복잡한 소송 절차를 겪으며 몸과 마음이 지치는 데다 막대한 경제적 부담까지, 이중고 삼중고를 겪어야 한다.

이런 이유들 때문에 나는 옴부즈맨처럼 각 병원마다 시민이 참여하는 제도가 있으면 좋겠다고 생각했다. 병원 관계자, 시민, 다양한 분야의 전문가들이 참여해 사고를 중립적으로 다룬다면 개인이 분쟁의 고통을 오롯이 짊어지지 않아도 될 테니 말이다.

그뿐만 아니라 의료사고를 둘러싼 다양한 문제를 더 면밀히 분석해 대안을 찾을 수도 있으리라 생각했다. 시스템과 절차에 문제가 있다면 그 부분을 찾아서 고치는 게 중요하다. 그러면 같은 사고가 벌어지는 것을 막을 수 있다. 문제의 근본적인 원인은 외면한 채 피상적인 해결만 하는 것은 능사가 아니기 때문이다.

국과수를 떠나 모교인 전북대 의대 교수로 임용되고 나

서부터는 예방법의학을 해보고 싶다는 생각이 더욱 간절해졌다. 그러던 2005년, 드디어 전북대병원에 법의료실을 만들었고, 우리 대학병원에서 발생한 모든 사건을 검토하겠다고 마음먹었다. 국과수에서의 첫 부검 때부터 품었던 생각이 구체화되다가 비로소 결실을 이루게 된 것이다. 어떤 죽음이든 곱씹어보면 그런 죽음에 이르도록 만든 원인이 있다. 이것을 찾아내 해결한다면 상당히 많은 죽음을 막을 수도 있으리라. 그런 의미에서 나는 법의학의 이러한 역할에 대해 '예방법의학'이라고 이름을 붙였다.

어떤 사람의 죽음을 시작점으로 해서 역순으로 시간을 거슬러 올라가 보자. 죽음이 있기까지 크고 작은 일들이 점처럼 놓여 있을 테고, 이것이 하나의 선으로 이어져 죽음에 이르렀을 것이다. 그 이어진 점 중 하나만 달라져도 선의 모양이 바뀌므로 죽지 않을 수도 있었을 거라는 의미다.

그날 택시가 바로 잡히지 않아 5분만 늦게 출발했다면, 트럭 기사가 밤샘 운전으로 졸지만 않았다면, 횡단보도에서 무리해 건너지 않고 다음 신호를 기다렸다면, 그날 그 술자리에서 조금만 빨리 일어섰더라면, 그때 그 친구에게 화를 내지 않았더라면…. 아주 사소한 일, 사소한 선택으로 우리 삶은 참 많이 달라질 수 있다. 내가 만약 재수를 하지 않았다면, 만약 유급을 당하지 않았다면, 나의 인생 행로는 달라졌을 테고 지금과는 사뭇 다른 삶을 살고 있을지도 모른다. 그러니 사고가 일어나는 과정을 거꾸로 되짚어보자는 것이다. 그중에는 분명히 우리가 미리 막을 수 있는 것들도 있었을 테니 말이다.

부검을 하면서 언제나 결과에 대한 처벌과 책임에만 몰두하는 게 답답했다. '그 전에 원인을 먼저 파악하고 제거하는 일이 선행되어야 하지 않나', '어디선가는 여전히 삐걱대는 시스템 속에서 누군가가 또 죽음의 위험 앞에 노출되어 있을 텐데'라는 생각이 떠나지 않았다. 내가 예방법의학을 만들자고 주장했던 이유도 바로 여기에 있다. 안 좋은 일이 벌어지는 것을 막기 위해 그 길목에 작은 걸림돌 하나라도 놓을 수 있으면 좋겠다는 마음이었다.

전북대학교로 오자마자 병원장을 찾아가 설득했다. 임

상법의학도 예방법의학의 차원에서 다룰 수 있다면 좋겠다는 생각이 들었다. 실무적으로 쉽지는 않았다. 예방법의학을 담당할 부서가 없었고, 의료 분쟁에 대해서 행정직 직원 한 명이 사건을 모두 처리하고 있었다. 그래서 법의료실을 만들어 시범적으로 운영해보기로 했다. 이 일은 법의학자만이 해낼 수 있는 일이라고 생각했기에 과감히 밀어붙였다. 인력을 충원하고, 시스템을 만드는 일부터 전반을 직접 주도했다. 그렇게 일 년을 해보며 팀을 꾸릴 수 있게 되었고, 공식적으로 법의료실이 만들어지며 지금까지 이어지게 된 것이다.

법의료실에서 하는 일 중 가장 중요한 것은 환자의 가족이나 유가족을 만나 소통하는 일이다. 사건이 접수되면 행정 직원이 1차 파악을 한 뒤, 나와 가족들과의 면담 시간을 정한다. 면담이 시작되면 나는 이렇게 말한다.

"저와 나누시는 대화를 녹음하셔도 좋고, 녹화하셔도 좋습니다. 원하시면 진료기록부도 복사해 드리겠습니다."

'숨김없이 모든 걸 투명하게 공개할 테니, 오늘 이 자리의 대화부터는 오해하지 않았으면 좋겠습니다'라는 뜻이다. 그러곤 '정확히 어떤 의료 행위가 있었고, 어떤 원인으로 이런 결과가 나왔다'라는 설명을 해드린다. 사고면 사고다, 병원이 잘못했으면 잘못했다, 보상하고 책임질 것이 있으면 그 부분에 대해서도 정확하게 설명을 한다. 병원이나 의사에게 유리한 결정을 하려고 만든 자리가 아님을 납득시키는 게 중요하다. 마음속에 가득한 불신부터 제거해야 대화를 시작할 수 있기 때문이다.

그리고 해당 의료진의 인터뷰도 진행한다. 경찰 조서만으로는 명확한 사실을 알기 어려운 측면이 있어서 의료진 면담이 반드시 필요하다. 설명을 충분히 들으면 의료진은 돌려보내고 이후 과정은 모두 내가 담당한다. 사람은 불안해지면 집중력이 흐려지고, 집중력이 저하되면 또 사고가 생길 수 있다. 의사들이 다시 진료하러 갔을 때 불안하지 않도록 안정적인 환경을 만들어주는 것도 법의료실의 역할이다. 이미 벌어진 사고에 끌려다니며 또 다른 사고를 내는 일이 생겨서는 안 되기 때문이다.

사실 임상법의학은 널리 확산시키기가 참 어렵다. 다른 병원의 경우 법무팀이 있긴 하지만 우리 대학병원처럼 법의학 전담 의사는 없다. 법무 소송만 대행할 뿐 직접 환자 가족을 만나 제대로 설명해주고 이해시켜줄 역할을 할 사람이 없는 것이다. 그래서 다른 병원에서 법의료실을 벤치마킹하러 우리 대학으로 찾아오곤 하는데, 문제는 그 일을 할 교수를 찾기가 매우 어렵다는 점이다.

그도 그럴 것이 일단 수당이 적다. 이 일은 진료 행위가 아니기 때문에 보직 수당만 받을 수 있어서 일반적인 의사들의 수당에 비할 바가 못 된다. 게다가 갈등을 중재하는 일이다 보니, 양쪽에서 욕을 먹는 상황도 비일비재하다. 가족이 다치거나 사망해 슬픔으로 성난 사람들과 만나야 하고, 때론 그들에게 의사의 실수가 아니라는 이야기도 해야 한다. 기본적으로 환자가 잘못되면 가족들은 일단 병원의 실수가 있었을 거라고 의심하며 대화를 시작하기 때문에 의료진에 대한 굉장한 반감이 깔려 있다. 대화가 쉽게 흘러가지 않을 때가 많고, 심지어 가족들이 단체로 찾아와 욕을 할 때도 있다. 상당 부분을 개인의 사명감에 기대야 하기에 이 일을 하겠다고 나서는 사람이 적을 수밖에 없다.

그럼에도 의료진 중에는 이 일을 잘해낼 자질을 지닌 사람들이 분명히 있다. 자각하지 못하고 있을 뿐. 한번은 의료사고 분쟁으로 한 의사를 만났다. 평소 봉사활동도 많이 하고, 독실한 크리스천에다 그의 진료를 받겠다며 엄청나게 많은 환자가 대기하고 있는 분이었다. 그런데 그분이 의료사고로 환자 가족과 갈등을 빚던 상황이었고, 가족분들은 처음엔 굉장히 격한 반응을 보였다. 그런 상황에서도 그 의사는 놀라우리만치 차분하고 상세하게 치료 과정과 결과에 대해 설명을 이어나갔다. 그랬더니 점차 환자 가족들도 감정이 누그러지면서 그의 말에 수긍하기 시작했다. 후임으로 그 의사를 붙잡고 싶은 마음이 들었지만, 진료 대기 중인 환자가 너무 많아서 현실적으로는 불가능했다.

내가 대학이나 병원에 임상법의학 관련 강의를 하러 갈 때면 마지막에 항상 이 말을 덧붙이곤 한다.

"여러분은 지금 우리 전북대학병원의 '노하우know-how'

를 배우려고 하시는 것 같은데, 저는 여러분들에게 '노후 know-who'를 가르치러 왔습니다."

환자와 가족들, 그리고 의료진 양측의 갈등을 풀고, 모두에게 최선의 결과를 이끌어내는 방법은 어쩌면 임상법의학이 아니더라도 많을 수 있다. 중요한 것은 '방법'이 아니라 이걸 끌어나갈 '사람'을 찾아내는 일이다.

남겨진 가족들의 마음을
치료하는 일

환자와 병원을 중재하는 역할은 법의학 관련 교수가 하면 가장 좋다. 법도 알고, 의료체계도 알고, 경찰도 상대해본 경험이 있으니 여러 상황을 세심하게 이해하고 고려할 수 있기 때문이다. 그런데 문제는 법의학 교수가 턱없이 부족하다는 것이다. 결국 이 역할을 대부분 임상 의사, 외과 의사가 하게 된다. 그러니 진료실에서 환자만 상대해온 사람들이 의료 분쟁 상황에서 환자 가족과 원활히 소통하기는 어려운 것이 사실이다.

반면 법의학자로 일해온 우리들은 남겨진 가족들의 슬픔을 알기에 그들의 격한 반응과 무너지는 심정에 대한 이해의 폭이 넓다. 당장은 반감을 보이고 거칠게 나와도 결국 소통하면서 풀어나가야 할 문제라는 것을 알고 있다. 그런 마음으로 소통하다 보면 나중에는 그들과 라포가 형성된다. 즉, 신뢰 관계가 만들어지는 것이다.

한번은 장애를 가진 딸을 둔 아버님이 종종 나를 찾아오셨다. 마흔 살 넘은 딸이 뇌수막염 치료를 받으러 왔는데 병이 좀처럼 호전되지 않았던 것이다. 나이 드신 아버지는 당신 여명이 얼마 안 남았는데 딸이 병원에 계속 누워 있으니 시름이 깊을 수밖에 없었다. 그래서 계속 병원에 이의 제기를 하셨다. 나는 그분이 찾아오실 때면 얼마든지 시간을 내서 이야기도 나누고, 식사도 같이 하곤 했다. 때로는 그냥 얼굴 한번 보고 싶다며 찾아오신 적도 있었다. 실은 이의 제기가 목적이 아니라 대화할 상대가 필요해서 그러신다는 것을 알고 있었다. 그러던 어느 날 아버님은 나와 대화를 나누고 돌아가는 길에 "진정한 명의는 이 교수님입니다" 하고 말씀하셨다. 나는 진료를 하지 않는 법의학자이니, 아마도 내가 치료한 것은 그의 마음이었을 것이다.

또 한번은 이런 일도 있었다. 남편이 간경화로 오랜 투병 끝에 사망하자 그 아내가 이의제기를 해왔다. 사실 간경화는 치료가 거의 불가능한 병이다. 남편이 우리 병원에 오랫동안 입원해 있던 터라 아내는 간호사들과도 잘 알고 지냈는데, 남편이 사망하자 아예 병원 복도에 이불을 깔고 드러누워버렸다. 우리는 그분을 병원 밖으로 나가게 하는 대신, 식사부터 하시라며 식권을 손에 쥐여드리곤 했다. 그렇게 며칠을 보내던 어느 날, 아내분이 내 손을 잡고 이렇게 말했다.

"집에 가기가 무서워요."

남편을 떠나보내고 인적 드문 시골집에 혼자 들어가기가 싫었던 것이다. 남편이 입원해 있을 때는 병원에서 지내니 간호사들과도 친하게 지내고 만나서 이야기 나눌 사람도 많았다. 이제 혼자가 되어 집으로 돌아가야 하니, 도무지 발길이 떨어지지 않는다고 털어놓았다. 그러한 마음까지 헤아리는 것이 우리가 해야 할 일이다.

나는 유족들과 대화하거나 합의할 때는 마음을 담는다는 중요한 원칙을 지키기 위해 항상 노력한다. 환자나 가족들의 말과 행동만 볼 게 아니라, 그 이면의 마음도 헤아릴 수 있어야 한다. 우리가 먼저 그 마음을 보아야 유족들도 그런 우리의 마음을 받아준다. 병원 사람들이 죄다 자신들을 속이고 사기를 치는 게 아니라는 것을, 말이 아닌 마음으로 보여주어야 한다. 장애를 가진 딸 때문에 마음고생을 하셨던 아버님께는 이렇게 말씀을 드렸다. "어르신, 어르신이 혹시 어떻게 되시더라도 따님은 저희가 잘 돌봐드리겠습니다. 그러니 안심하세요." 그분이 돌아가셨을 때는 장례식장에 가서 인사를 드리기도 했다. 그분이 조금이나마 딸 걱정을 내려놓고 눈을 감으셨기를 바란다.

앞서도 말했듯 사실 이 일이 쉽지는 않다. 나만 해도 별의별 욕을 다 들어봤다. 반말을 들은 적도 있고 욕설에 시달리기도 했으며 멱살을 잡힌 적도 있다. 심지어 내게 재떨이를 던진 분도 있었다. 그런 험한 일을 처음 당한 사람들은 견디기가 힘들다. 하지만 나는 이 일을 오래 해온 덕분에 때로는 슬픔과 서운함이 분노로 표출되기도 한다는 걸 잘 알고 있다. 또 시간이 지나면 유가족의 성난 마음이 가라앉는다는 것도 알고 있다.

유가족의 입장에서 생각해보자. 믿고 의지한 병원에서 사랑하는 가족이 죽었다면 남은 유가족들은 어디 하소연할 곳이 없다는 사실을 깨닫는다. 의사는 사무적인 태도로 설명하는 데다 그들이 하는 말을 100퍼센트 이해하기도 힘들다. 의사의 냉담한 태도에 서운함을 넘어 분노가 치솟는다. 이런 마음 상태에서 대화마저 잘 통하지 않으니 병원에서 꼭 뭔가를 숨기는 것만 같다.

한편 병원 측도 나름대로 이유가 있다. '사실 그대로를 얘기했는데, 우리가 뭘 잘못한 거지? 뭘 더 하라는 거야.' 의료진 입장에서 틀린 말은 아니지만 배운 대로, 교과서대로, 원칙대로 하는 것만이 최선은 아니다. 상실의 아픔을 겪는 이들에게는 매뉴얼대로 일을 처리하기에 앞서, 그들의 마음을 깊이 헤아려주는 과정이 반드시 선행되어야 한다.

환자나 환자의 가족들이 서운해지는 데는 이유가 있다. 사람이 몸이 아프면 활기가 넘치던 때와 달리 자기 삶의 주도권을 잃어버리게 된다. 병원에 들어가면 환자복부터 갈아입힌다. 먹는 것부터 자는 것까지 일상의 상당 부분을 의사가 시키는 대로, 병원의 스케줄대로 따라야 한다. 어디 그뿐인가. 수차례 피를 뽑고, 여기저기 끌려다니며 검사를 받는다. 내 마음과 의지대로 할 수 있는 일이 거의 없다. 게다가 아프면 몸과 마음의 면역력이 급격히 떨어진다.

가족들도 마찬가지다. 환자를 돌보다 보면 가족들의 몸과 마음도 지치게 마련이다. 그런데 의사와 간호사들은 왠지 쌀쌀맞은 것 같고, 묻고 싶은 것은 많은데 건성건성 상대한다는 느낌이 든다. 홀대받는다는 생각을 애써 누르고 있다가, 갑자기 돌발 변수가 생기면 쌓여 있던 서운함이 폭발한다. '나한테 엉뚱한 약을 준 것 같아', '혹시 처치가 잘못된 건 아닌가?', '내가 이럴 줄 알았어. 이놈들이 분명히 뭔 일을 내고 숨기는 거였어.' 불시에 이런 생각들이 머릿속을 가득 채운다.

사실 의사 입장에서 수많은 환자와 그 가족들을 대하다 보면 매너리즘에 빠지게 되는 측면이 있을 수 있다. 혹은 평정심을 잃지 않으려 했던 태도나 형평성을 지키려 했던 방식이 자칫 냉정하게 비칠 수도 있다. 그러다 보면 감정적 교감이 결여되고, 서운함과 분노의 파장이 더욱 커지는 것이다.

크든 작든 사고가 일어나면 우선 괜한 오해를 만들지 않기 위해 환자의 마음부터 보듬는 일이 이루어져야 한다. 일상의 주도권을 뺏긴 상태로 의료진에게 의지하다가 상황이 나빠지면 덩달아 오해의 마음도 커지게 마련이다. 심지어 "맨날 피 뽑아 가더니 그거 팔아먹는 거 아니냐"고 따지며 화를 내는 사람도 있었다. 이렇게 감정이 악화되기 전에 그 마음을 헤아려주고 다독여주어야 한다. 스트레스와 같은 마음의 고통이 병을 악화시킬 수 있듯이, 반대로 의사의 따뜻한 한마디가 병을 이겨내는 데 큰 힘이 될 수도 있다. 의사와 환자 간에 쌓인 정서적 교감은 불신과 오해, 감정적 분노도 사그러뜨릴 수 있다.

물론 의료진이 실제로 실수한 경우도 있다. 잘못된 부

위를 절제했다든지, 잘못된 약물을 주사했다든지 하는 경우들이다. 이때는 이의제기를 하고 담당 의사를 만난다. 정확한 사실관계를 파악하기 위해 사건이 벌어진 경위를 조사한다. 슬라이드 번호가 바뀌어 헷갈렸다든지, 약물을 혼동했다든지 나름의 이유를 환자와 가족들에게 정확하게 설명한다. 어쨌든 사실관계를 올바르게 정리해야 다음 단계로 넘어갈 수 있다.

의료 분쟁을 살펴보면 의사 개인의 잘못보다는 병원 시스템에서 비롯된 문제가 더 많다. 그런 경우 우리는 사고의 원인을 파악하고 중재하는 한편, 다시는 같은 문제가 반복되지 않도록 병원 시스템을 개선하기 위한 방책을 찾는다. 사실은 이 부분이 가장 중요하다. 환자에게 정확한 사실을 알려주고 필요한 경우 보상을 진행하며, 의료진에게는 다시 안정적으로 진료할 수 있는 환경을 마련해주고, 같은 실수를 일으키지 않도록 병원 시스템을 보완하는 것. 환자와 의료진, 그리고 병원이 서로를 신뢰하며 다 함께 궁극적인 목표인 아픈 사람들을 진료하는 일에 더욱 집중할 수 있게 하는 것이 임상법의학의 핵심이다.

의미를 찾는
삶에 대하여

부검을 하다 보면 비극적이고 고통스러운 사고를 당했거나 범죄의 피해자가 된 당사자와 유족을 자주 만나게 된다. '왜 하필 나에게 이런 일이 벌어진 거지? 나는 누구를 해코지한 적도 없고, 특별히 나쁘게 살지도 않았어. 그런데 왜 나인가? 내가 어째서 이런 벌을 받아야 하는 건가?' 고통 속에서 살아갈 수밖에 없는 이들에게 남은 삶은 무거운 숙제가 된다. 그런 이들에게 해주고 싶은 말이 있다.

"의미를 찾을 때 사람은 생존할 수 있다."

『빅터 프랭클의 죽음의 수용소에서』를 읽으며 든 생각이다. 오스트리아의 신경정신과 의사였던 빅터 프랭클은 단지 유대인이라는 이유로 2차 세계대전 당시 아우슈비츠 강제 수용소에 끌려갔다. 무수히 많은 사람들이 목숨을 앗아간 아우슈비츠에는 절망과 고통밖에 존재하지 않았다. 뼈가 부서지기 전까지 노동을 해야 했고, 끔찍한 생체 실험이 자행되었으며, 병에 걸려 일을 하지 못하게 되면 가스실에 끌려갔다. 차라리 죽는 게 더 나을 정도로 끔찍한 곳이었지만, 그는 그곳에 있으면서 정신적으로 힘들어하는 사람들을 치료하는 것에서 삶의 의미를 찾았다. 그리고 언젠가 해방될 거라는 희망에 매달렸던 이도, 신에게 의존했던 이도, 반드시 선이 악을 이길 것이라는 신념에 의지했던 이들도 삶의 의지를 놓을 때 자신만의 의미를 찾은 이들은 견뎌낸다는 것을 발견했다.

실제로 이 책의 원제는 '맨즈 서치 포 미닝 Man's Search for Meaning', 우리말로 번역하면 '의미를 찾는 사람'이다. 국내 번역본은 원제와 많이 다른 『빅터 프랭클의 죽음의 수용소에서』라는 제목이 붙었는데, 나는 조금 다르게 '죽음을 수용하는 곳에서'라는 제목을 달아보고 싶다.

우리 중 누구라도 물에 빠져 죽을 수 있고, 누구라도 교통사고로 죽을 수 있다. 어느 날 갑자기 전쟁이 터져 죽을 수도 있다. 특별한 이유나 어떤 섭리가 있어서 이런 일이 일어나는 게 아니다. 잘못한 것에 대한 대가로 주어진 벌도 아니다. 고차원적인 메시지나 특별히 선택받은 이유 같은 것은 없다. 지나가던 개에게 물리는 사고는 그저 이 세상 어디에서나, 누구에게라도 일어날 수 있는 사고이자 사건일 뿐이다.

섭리를 알 수 없는 자연을 놓고 보면 우리 인간은 그저 먼지 같은 존재에 불과하다. 그러니 우주가 먼지 같은 존재를 위해 돌아가지 않는 것은 너무나 당연하지 않은가. 다만 이 먼지는, 살아가는 의미를 찾을 수 있는 먼지다. 인간은 '내가 왜 살아가야 하는가?'라는 질문을 끊임없이 던지고 부단히도 그 해답을 찾아가는 존재다. 이 세상은 우리가 생각하는 것처럼 안전하고 공정하지 않다. 그럼에도 우리는 살아가야 할 이유를 스스로 찾아내야 한다. 프랭클은 수감

자를 치료할 기회가 있을 때 그들이 처한 끔찍한 현실을 어떻게든 견딜 수 있게 해주려면 그들에게 살아야 할 이유, 즉 목표를 얘기해주어야 한다고 말했다. 그것이 빅터 프랭클이 말한 '로고테라피logotherapy', 즉 '의미치료'다.

얼마 전 많은 사람의 공분을 산 범죄 사건의 피해자가 인터뷰에서 하는 말을 듣고 그가 찾아낸 의미를 알 수 있었다.

"누구나 범죄 피해자가 될 수 있습니다. 피해자를 위한 플랫폼을 구축해 범죄별 대응책과 관련 정보를 전달하고 싶습니다."

처음에는 부정하고 회피하고 분노하고 좌절했지만, 우리 공동체에 이런 위험이 있다는 것을 알리기 위해 연대 운동을 해야겠다고 마음을 먹었다고 했다. 신현림 시인의 시, 「나의 싸움」의 한 대목이 떠올랐다. "삶이란 자신을 망치는 것과 싸우는 일이다. 망가지지 않기 위해 일을 한다."

시시포스의 형벌 이야기를 들어봤을 것이다. 그리스 신

화에 나오는 시시포스는 커다란 바위를 산꼭대기로 밀어 올리는 형벌을 받았다. 힘겹게 바위를 굴려 올려도, 정상에 이르면 다시 산비탈 아래로 굴러 떨어져 다시 일을 시작해야 했다. 이 형벌은 무의미한 노동, 영원히 끝나지 않는 고통을 상징한다. 신들은 자신들을 속인 대가로 시시포스에게 끊임없는 노력과 좌절을 치르게 했다. 하지만 시시포스는 부조리한 형벌에 저항을 택했다.

알베르 카뮈는 자신의 철학 수필 「시지프 신화」에서 이 신화를 재해석하며 세상의 부조리와 삶의 본질, 존재의 의미를 성찰했다. 카뮈에 따르면, 시시포스는 자신의 형벌이 부조리하고 끝이 없다는 사실을 받아들이면서도 그 반복적인 과정에서 의미를 찾아냈다. 어느 순간부터 시시포스는 의연해졌다. 채찍을 든 복수와 징벌의 여신이 감시할 필요가 없어졌다. 인간은 원래 의미 없는 짓을 하지 못한다. 자신이 어떤 존재여야 하며 뭘 해야 하는지 의미를 부여해야만 살아갈 수 있다. 자기 의지대로 돌덩이를 밀기 시작한 시시포스는 그 안에서 자유를 얻게 되었다.

아마도 그에게 고뇌를 안겨주는 통찰이 동시에 그의 승리를 완성시킬 것이다. 멸시로 응수하여 극복되지 않는 운명이란 존재하지 않는다. 이처럼 어떤 날들에 시지프는 고통스러워하면서 산을 내려오지만 그는 또한 기뻐하면서 내려올 수도 있다. 거역할 길 없는 진리들도 인식됨으로써 사멸한다.

_알베르 카뮈, 『시지프 신화』

카뮈는 부조리함을 극복하거나 부정하려 애쓰지 말고 차라리 받아들이라고 말한다. 나아가 부조리함에 희생된 이들끼리 연대하는 것이야말로 부조리함에 맞서는 반항이며 삶에 희망을 안겨주는 유일한 방법이라고 강조한다. 1947년에 발표한 그의 소설 『페스트』는 알제리의 한 작은 해안 도시에 인간이 예측할 수도, 통제할 수도 없는 전염병이 발발하면서 도시의 모든 사람이 마치 사형선고를 받은 듯한 부조리한 상황에서 이야기가 시작된다. 언제일지 모를 자신의 죽음을 기다리던 이들이 한 일은 과연 무엇이었을까. 바로 절망적인 상황에 굴복하지 않고 공중보건연대를 만들어 저항하는 것이었다. 재앙 앞에서 무기력하게 굴복하거나 회피하거나 혐오하는 것이 아닌, '선의의 연대'를 통해 반항하는 것을 택했다.

조금 이르거나 느리거나 방법이 다를 뿐 인간이 죽는다는 건 변하지 않는 사실이다. 그러니 '왜 나한테만 이런 일이 생겼지?'라며 자신에게 일어난 비극의 답을 찾으려고 평생을 바치지 않았으면 한다. 그 부조리의 답은 찾을 수 없기 때문이다. 너무나 고통스럽고 힘든 일이겠지만, 그 속에서 어떻게든 살아가기 위한 의미를 찾아가길 바란다. 그것이 무한한 우주 속에서 살아가는 먼지 같은 존재인 인간이 할 수 있는 가장 적극적인 저항이다.

최근 심리학회에서 발표된 흥미로운 논문이 있다. 2차 세계대전 당시 아우슈비츠 수용소에서도 끝끝내 생존한 사람들은 평소에 강한 인내심으로 많은 고난을 극복해왔던 사람들이 아니라, 고난이 닥치기 전까지 행복했던 시간이 많았던 사람들이었다고 한다. 죽음이 눈앞에 다가오는 순간에도 그 죽음을 담담히 받아들이고 행복을 잃지 않을 수 있는 사람은 그동안 삶 속에서 바로 그 행복을 자주 경험한 사람들이다.

"살아남아야 할 이유를 아는 사람은 어떠한 상태에서도 견뎌낼 수 있다"고 니체는 말했다. 마찬가지로 행복해야 할 이유를 아는 사람은 어떠한 상태에서도 행복을 찾을 수 있다. 우리 주위에 언제나 공기처럼 존재하는 행복을 쉽게 찾을 수 있기를 바란다.

티치아노 베첼리오, 〈시시포스〉, 1548~1549
Tiziano Vecellio, Sisyphus, 1548–1549, oil on canvas, 237×216cm, Museo del Prado, Madrid.

무엇이
선善인가

과학적 증거를 따라가다 마침내 마주한 진실이 항상 좋은 결과로 이어지는 것은 아니다. 진실이 밝혀져 오히려 안타까운 경우도 있다. 한번은 119 구급대원의 사건을 맡아 부검을 한 적이 있다. 그 구급차는 심근경색으로 위급한 환자를 심폐소생술을 하며 이송하던 중 급한 마음에 신호를 무시하고 달렸다. 그러다 마찬가지로 신호를 무시하고 달려오던 맞은편 승용차와 부딪쳐 전복되었고, 환자는 그 자리에서 사망했다. 사실 이 환자는 심근경색이 위중한 상태였기에 병원으로 후송되었어도 회복할 가능성이 매우 적었으나 이송 중에 심장이 뛰고 있었다는 근거가 있었다. 결국 "교통사고가 원인이 되어 사망했다"라고 최종 부검 소견을 밝힐 수밖에 없었다.

119 구급대원은 구급차에 위급한 환자를 신고 달려야 한다. 속도가 생명이다. 그런데 사람을 살리겠다고 신호를 위반하거나 과속을 하다 사고가 나면 어떻게 될까. 구급대원 본인이 책임을 져야 한다. 현행 도로교통법상 구급차, 소방차 등은 '긴급 자동차'에 해당해 긴급 상황 시 신호와 속도를 위반해도 되지만, 사고가 발생하면 처벌을 면할 수 없다. 이 사건은 환자가 언제 사망했는지에 따라 구급대원의 책임 여부가 결정될 터라 사망 시각이 핵심이었다. 환자는 이송 중에 이미 심폐소생술이 시행되고 있던 차였다. 당시 상황을 설명하는 기사다.

사이렌을 울리며 병원으로 달려가던 구급차가 빨간불 앞에 멈춰 섰다. 운전대를 잡은 구급대원은 고민했다. 뒤에는 심정지가 온 90대 응급환자가 타고 있었다. 벌써 30분이나 흘렀다. 빨리 응급실에 도착한다면 할머니를 살릴 수 있을지도 모른다. 병원까지는 단 3분. 구급대원은 굳은 마음을 먹고 바뀌지 않는 신호를 바라보며 다시 운전대를 잡았다. 교차로를 지나는 순간 '쾅' 하는 소리와 함께 구급차가 뒤집어졌다. 창문 밖으로 튕겨 나간 동료는 어떻게든 환자를 살리기 위해 엉금엉금 구급차로 기어갔다. 그 간절함이 무색하게 환자는 끝내 숨을 거뒀다. 이날 생명을 지키기 위해 위험을 무릅썼던 119 구급대원들에게 떨어진 소식은 이것이다. "경찰 조사를 받으러 오셔야 합니다." 대단한 훈장을 바란 것도 아니었는데, 경찰서로 향하는 이들의 발걸음은 무겁기만 하다.

이럴 때 아이러니를 느낀다. 만일 신호를 지켜 병원에 무사히 도착했는데 그 몇 분이 늦어 환자가 사망했다고 치자. 이때는 구급대원이 책임에서 자유로울까. 늦어도 빨라도 모두 구급대원 개인이 책임을 져야 하는 비합리적이고 모순된 상황이다. 인간적인 마음으로, '내가 이걸 조금 바꿔도 되지 않을까?' 할 수 있다. 하지만 그래서는 안 된다. 아주 작은 행동이지만 이런 게 쌓여 사회적으로 큰 문제가 되기 때문이다.

이런 도덕적 선택의 아이러니에 놓였을 때 우리는 칸트의 정언명령定言命令을 떠올려야 한다. 칸트는 "너의 행위의 준칙이 너의 의지를 통하여 보편적인 법칙이 되도록 행동하라"라고 말했다. '선의의 거짓말'이라는 것이 있을 수 있지만, 그래서 과연 모든 사람이 선의의 거짓말을 허용한다면 어떻게 될까? 우리 사회의 신뢰가 붕괴되고 말 것이다. 선한 의도에서 비롯된 행동이 반드시 선한 결과를 만드는 것은 아니다.

내가 하는 일은 사실대로 이야기하는 것이다. 사망 원인에 대해 소견을 제시해줄 뿐 사건 자체에 개입하지 않는다. 도덕적 아이러니가 발생하더라도 임의로 사망 원인을 바꿀 수는 없다. 과학자는 세상이 이 결과를 어떻게 해석하든 말든, 누가 비난하든, 다른 말을 하는 논리적 근거를 가지고 말해야 한다. 법의학자의 근거는 오로지 과학뿐이고, 과학은 세상을 모르고, 세상을 판단하지 않는다. 그래서 우리는 더욱 치열하고 철저해야 한다. 그다음을 풀어가기 위해서는 우리 모두의 지혜가 필요하다. 사회의 구조적 모순이나 여타의 상황 때문에 벌어진 사건을 오롯이 한 개인이 책임지는 것으로 종결되지 않아야 한다. 이 같은 우리 사회가 안고 있는 치명적인 약점과 결함을 고치지 않는 한 불합리한 일은 계속해서 되풀이될 것이다.

'근설영춘近雪迎春'이라는 단어가 있다. 가까울 근, 눈 설, 바라볼 영, 봄 춘 자로 이루어진 사자성어다. '내가 놓인 환경이 눈 덮인 추운 겨울이라 해도 나는 꽃이 피는 봄을 바라보고 살아간다'라는 뜻이다. 나는 이 같은 마음으로 법의학의 세계를 살아간다. '매일생한불매향梅一生寒不賣香'이라는 말도 좋아한다. '매화는 추운 곳에서 꽃을 피우지만 향기를 구걸하거나 팔지 않는다.' 매화의 고고한 태도로 나도 내 삶을 살아가고 싶다. 겨울의 엄혹함 속에서도 진실을 바라보며 나아가고, 매서운 추위가 몰아쳐도 과학자의 지조를 생명처럼 여기며 살아가고자 한다.

아주 작은
한 조각이라도

대한민국은 세계사에서 유례를 찾기 힘들 정도로 빠르게 발전한 나라다. 전쟁의 폐허를 단기간에 복구하며 도시를 일으켰고, 전국 구석구석 고속도로와 철도가 뻗어나갔다. 산업이 발전하고 일자리가 늘어남에 따라 도시 인구도 급증했다. 아파트가 우후죽순 지어지고, 백화점과 고층 빌딩이 들어섰다. 수도권을 비롯해 각지의 광역시에는 지하철이 몇 개 노선씩 개통되었고, 발밑으로는 수도관과 도시가스가 매설되었다. 우리는 올림픽도 개최했고, 개발도상국으로서는 처음으로 엑스포도 열었다.

우리의 발전은 그렇게 눈부시게 빨랐다. 그러나 선진국을 바라보던 길목의 1990년대에 잇따라 충격적인 사건들이 터지기 시작했다. 1993년 1월 청주 우암상가아파트가 붕괴되어 76명의 사상자가 발생했다(사망 28명). 두 달 뒤인 3월에는 부산 구포역에서 무궁화호 열차가 전복되면서 276명의 사상자를 냈다(사망 78명). 이듬해인 1994년 10월에는 성수대교가 무너져 49명의 사상자를 냈다(사망 32명). 그로부터 고작 6개월 뒤인 1995년 4월에는 대구 지하철 공사장에서 가스 폭발 사고가 일어나 303명의 사상자가 발생했다(사망 101명). 그리고 불과 두 달 뒤인 같은 해 6월, 마침내 그 일이 터졌다. 대한민국 현대사에서 가장 많은 사상자를 낸 최악의 대참사, 사망 502명, 실종 6명, 부상 937명이 발생한 삼풍백화점 붕괴 사고다.

1995년 6월 29일 오후 5시 57분, 강남 한복판에 위치한 지상 5층, 지하 4층의 대형 백화점이 붕괴 시작 5분 만에 완전히 무너져버렸다. 삼풍백화점 붕괴 사고 속보가 흘러나오던 그때, 마침 나는 국과수 파견을 앞두고 교수님 및 선배들과 환송식을 하고 있었다. 당시 나는 병리학 레지던트 2년

차로 일하며 대학원을 다니고 있을 때였는데, 나의 최종 목표는 법의학이었으니 하루라도 빨리 국과수에 가서 다양한 실무를 접해보고 싶었다. 그렇지만 레지던트 2년 차가 자기 마음대로 움직일 수는 없는 노릇이니 지도 교수님과 선배들을 설득해 간신히 국과수에 갔다 와도 좋다는 허락을 받았다. 두 달간의 국과수 파견 근무를 앞두고 환송식을 하고 있는데, 그 순간 삼풍백화점 붕괴 소식을 듣게 된 것이다.

통상 하나의 사건으로 3명 이상의 사망자가 발생하면 대형 참사라고 한다. 화재, 폭발, 붕괴, 추락, 침몰, 자연재해 등의 원인으로 수십 수백 명의 사상자가 발생하는 사건들을 말한다. 대형 참사가 벌어지면 사람들은 흔히 구조대원, 의료진, 소방, 경찰, 군인 등이 현장에 뛰어드는 전부라고 생각하지만, 여기에 반드시 필요한 또 한 축의 인력이 바로 법의학자다. 시신을 찾고 해당 시신의 신원을 밝혀야 하기 때문이다. 특히 화재나 폭발, 건물 붕괴, 비행기 추락 사고에서는 시신의 외형이 훼손된 경우가 많아 육안으로는 신원을 파악할 수 없기에 법의학자의 역할이 절실해진다. 그래서 법의학자는 평시에는 '사인死因을 찾는 사람'이지만, 이때만큼은

'사람을 찾는 사람'이 된다.

정식 법의학자가 되기 전 경험을 쌓기 위한 파견 근무 형식이었지만, 그렇게 삼풍백화점은 나의 첫 법의학 현장이 되었다. 서울 국과수로의 파견 첫날부터 숨 돌릴 새도 없이 업무가 시작되었다.

뉴스에서는 연일 붕괴 현장에서 생존자를 구조하는 장면을 내보내고 있었다. 생존자 소식이 들려올 때마다 온 국민이 울고 웃었다. 한 사람이라도 더 구조될 수 있기를 응원하고 기도했다. 그러는 한편 시신 발굴도 계속되었다. 이미 외형만으로는 누가 누구인지 알아볼 수 없게 된 수많은 사람들이 시신낭에 담겨 국과수에 도착했다. 탑승 명단이 있는 비행기 추락 사고 등과는 달리, 말 그대로 '불특정 다수'의 사람들로 가득한 백화점의 잔해에서 발견된 시신들은 신원 확인이 가장 중요한 과제가 된다.

특히나 처참했던 것은 시신낭에 담긴 시신이 한 사람의 것인지 여러 사람의 것인지부터 구분해야 한다는 점이었다.

이런 경우 시신을 각각 분리하고 최대한 온전히 조각을 맞추는 일이 가장 먼저다. 그래서 대개 대형 참사 때는 법의학자, 법치의학자, 해부학자, 그리고 법의조사관들이 한 팀이 되어 시신의 신원 확인 작업을 맡는다. 참사 현장에서 수습해 보내온 시신을 개인별로 분류하고, 옷과 신발, 액세서리, 소지품 등 고인의 신원을 밝힐 단서가 될 만한 모든 물건을 수집한다. 찢긴 옷 조각, 부러진 우산, 끊어진 목걸이, 한 짝뿐인 운동화⋯ 한때 누군가가 걸치고 들었을 손때 탄 모든 물건의 조각이 귀중한 단서가 된다.

가뜩이나 일손이 부족한 마당에 레지던트 2년 차가 파견 근무를 자원해서 왔으니, 나는 오자마자 선배들의 예쁨을 받았다. 그리고 덩달아 온갖 일거리가 쏟아지기 시작했다. 시신의 신체 특징을 하나하나 기록하고, 착용하고 있던 옷과 신발을 빨아서 상표와 사이즈, 색상 등을 확인한 뒤 함께 자세히 적는다. 그렇게 시신의 정보를 최대한 모아 기록한 뒤, 실종자 가족들이 제출한 인적 사항을 살펴보며 일치하는 사람이 있는지 확인한다. 기록이 일치하는 경우에는 DNA를 검사해 가족들의 것과 대조한다. 이러한 과정을 수

백 번 반복한다.

지금은 유류품을 수집하고 정리하는 법의조사관이 따로 있지만, 당시만 해도 그 일을 맡아줄 별도 인원이 없었다. 오전에는 일상적으로 의뢰된 부검을 하고, 오후에는 시신 및 유류품 분류 작업을 도왔다. 두 달로 예정된 파견 기간 내내 삼풍백화점 사고 수습을 도우며 대형 참사에서의 법의학 업무들을 많이 익혔다. 그렇게 일이 끝나가는 듯했다. 그런데 미처 두 달이 채 지나기도 전에 사건이 또 벌어지고 말았다. 같은 해 8월 21일, 37명이 사망하고 16명의 부상자를 낸 경기여자기술학원 방화 사건이었다.

경기여자기술학원은 말이 기술학원이지 실은 빈곤한 가정의 여학생들을 데려가 감금시켰던 곳이다. 본래의 취지는 성매매 여성들을 재활시키는 교육기관이었으나, 1980년대 삼청교육대가 그랬듯, 형제복지원이 그랬듯, 결국에는 머릿수를 채워 국가 보조금을 타내기 위해 힘없고 돈 없는 가난한 가정의 아이들을 거짓으로 회유해 데려가서는 감금시키는 시설이 되고 말았다. 어린 여학생들은 기술을 배우기는커녕 부모와 연락할 수도 없었고 굶고 매 맞기도 예사였다. 그저 집에 돌아가고 싶었을 뿐인 아이들은 마지막 탈출 계획을 세웠다.

"불이 나면 문을 열어줄 거야. 그때 빠져나가자."

계획대로 몇몇이 불을 붙였고, 또 몇몇은 문을 두드리며 불이 났다고 소리를 질렀다. 여기까지는 모두 계획대로였지만, 그들이 미처 계산하지 못한 한 가지가 있었다. 아무도 그들을 도우러 오지 않으리라는 것은 상상도 하지 못했다. 그렇게 무려 37명이 죽고 나서야 아이들은 세상 밖으로 나올 수 있었다.

경기여자기술학원 사건을 떠올리면 지금도 마음이 아프다. 뒤늦게 처참한 주검으로 돌아온 딸을 보고서야 사건의 내막을 알게 된 부모들은 분노로 울부짖으며 부검을 거부했다. 경찰이건 국과수건 국가 기관을 믿을 수 없다고 생각한 것이다. 그러나 이 사건은 단순 화재가 아닌 여러모로 의문이 많은 사건이었기 때문에, 사망한 아이들이 오롯이 화재로 사망한 것인지 혹은 다른 사망 원인이 포함된 것인지를 부검으로 밝혀야 할 필요가 있었다. 결국 우리는 유족들의 반대로 영안실로 옮기지 못한 아이들의 시신을 사과 궤짝 위에 눕히고 야외에서 부검할 수밖에 없었다. 하필 비도 내렸다. 경찰들이 우산을 받쳐주고 그 밑에서 부검을 진행했다. 추적추적 비 내리던 날, 사과 궤짝 위에 놓인 아이들의 모습이 잊혀지지 않는다.

더 이상은 이런 일이 없기를 바라며 파견 근무를 마치고 병원으로 돌아왔다. 그러나 모두가 알다시피 사건은 그 후로도 끊임없이 벌어졌다. 1999년 6월에는 씨랜드 청소년 수련원 화재 사건으로 23명이 사망했다. 그중 19명이 유치원생이었다. 불과 4개월 뒤인 같은 해 10월, 인천 인현동 호프집 화재 참사가 벌어졌다. 56명이 사망하고 78명이 부상을 입었다. 피해자 대부분이 중고등학생이었다. 그리고 4년 뒤인 2003년 또 한 번 대한민국을 충격으로 몰아넣은 대형 참사가 일어났다. 사망 192명, 실종 6명, 부상 151명을 기록한 대구 지하철 화재 사건이다.

당시는 내가 장성 국과수에 있을 때였다. 사건이 벌어지자마자 대구로 달려간 나는 서울 국과수 법의학부장으로 자리를 옮기셨던 이원태 선생님과 다시 한번 조우하게 되었다. 이윽고 화재가 발생한 지하철 차량 전체가 고스란히 실내 기지창으로 옮겨졌고, 그 후 우리의 작업도 시작되었다. 모든 대형 참사가 다 안타깝지만, 화재는 시신뿐만 아니라 신원을 밝혀줄 옷과 유류품까지 모두 타버렸을 가능성이 크기에 더욱 조바심이 난다. 게다가 남아 있는 것들마저 재와 그을음에 뒤덮여 식별하기도 어렵다. 그래서 화재 현장에 남겨진 모든 것을 마치 유물을 발굴하듯 하나하나 조심스레 다뤄야 한다.

더욱이 대구 지하철 화재 사건은 불이 번지기 시작하자 승객들이 모두 열차 뒤쪽으로 이동해서 맨 마지막 차량에 가득 몰려 있었다. 좁은 차량에 사람들이 밀집된 상태에서 불이 번지다 보니 시신들이 마구 뒤엉켜 있었고, 자칫 잘못 건드렸다간 신체 부위가 떨어져 나갈 수 있어서 해부학자와 함께 신중하게 분리해야 했다. 또한 유류품도 시신 근처가 아닌 모두 다른 칸에 제각각 흩어져 있는 상황이었다. 우리는 차량에서 이탈되는 모든 것을 엑스레이를 찍어가며 확인했고, 아주 작은 조각 하나까지도 놓치지 않기 위해 신중을 기했다.

그 결과 실종자 6명을 제외하고 사망자 192명 전원의 신원을 밝혀 유가족들에게 시신을 인도할 수 있게 되었다. 여섯 명의 실종자 중 세 명은 화재로 DNA가 완전히 파괴되어 신원을 확인할 수 없었고, 나머지 세 명은 DNA는 있었으나 대조할 유가족이 나타나지 않았다. 이 경우도, 저 경우도, 그저 모든 사람이 안타까울 뿐이다.

법의학자로서 첫 번째 사건으로 삼풍백화점 붕괴 사고를 겪고, 연이어 경기여자기술학원 화재 사건, 대구 지하철 참사, 세월호 침몰 사고 등 대형 사고들을 수습하다 보니 지금까지도 내가 가장 신경 쓰는 주력 분야는 대형 참사와 안전 문제가 되었다. 한 사람의 생명은 행성의 무게보다도 무겁다. 하나의 죽음보다 다수의 죽음이 더 무겁다고는 할 수 없지만, 죽음은 그렇게 숫자로 따질 수 없는 것이지만, 수백 명이 사망한 현장에 서 있노라면 그 거대한 슬픔과 분노가 살아 있는 인간을 압도한다.

내가 삼풍백화점 붕괴 속보를 듣던 순간을 또렷이 기억하듯이, 사람들은 각자 대구 지하철 화재 속보를 보았을 때, 혹은 세월호 침몰 뉴스를 보던 때 자신들이 어디서 무엇을 하고 있었는지를 선명히 기억할 것이다. 대형 참사는 어느 한 개인의 비극이 아니라 우리 국민 모두의 트라우마가 되기 때문이다. 치유가 동반되지 않는 한 우리는 트라우마로부터 벗어날 수 없다. 그리고 치유는 잊고 덮어버리는 것이 아니라 문제를 직시하는 데서 시작된다.

사람은 두 번 죽는다. 첫 번째는 생물학적으로 숨이 멎었을 때, 그리고 두 번째는 그의 죽음을 기억하는 마지막 사람이 죽었을 때다. 즉, 누군가가 세상을 떠난 후 그를 기억하는 사람이 더 이상 존재하지 않게 될 때, 그 사람의 존재는 완전히 잊혀지게 된다.

얼마 전, 공군 내 성추행 사건으로 생을 마감한 고故 이예람 중사 어머니의 인터뷰를 보게 되었다. "누군가의 처벌도 중요하지만, 이 사건을 계기로 법이 바뀌었으면 한다. 그래서 누군가가 그때 바뀐 법 때문에 살았다고 말해줬으면 한다"는 내용이었다.

안타깝게 사고의 희생자가 된 분들을 우리는 기억해야 한다. 그 사고의 책임을 묻고 처벌하는 것은 당연하지만, 그보다 더 중요한 것은 두 번 다시 같은 사고가 일어나지 않도록 시스템을 개선하는 것, 그리고 희생자들을 애도하고 그들의 죽음의 의미를 잊지 않는 것이 아닐까.

절대
흥분하지 마라

"편히 계십시오. 곧 사랑하는 가족들 품으로 돌아가실 것입니다."

사고 현장에서 시신을 수습한 뒤 부검을 하기 전 우리 대형 참사 수습팀은 희생자들을 향해 이렇게 말한다. 대형 참사 수습의 마지막 단계는 시신을 유가족에게 인도하는 것이기에 이 말은 일종의 결의 같은 것이기도 하다. 대형 참사 때는 무엇보다도 훼손된 고인의 형태를 최대한 온전히 갖추어 가족에게 돌려드려야 한다는 것이 가장 기본이자 우선시되는 일이다. 그마저도 쉬운 일이 아니기 때문이다.

세월호 팽목항에서의 일이다. 당시 국과수는 예비비가 없어서 현장에서 시신을 수습해 부검하는 데 필요한 장비들을 마련하기가 쉽지 않았다. 마침 4월이었고, 시신이 부패하기 쉬운 날씨였다.

'시신들이 인양되어 나오면 이 따뜻한 날씨에 금세 부패가 시작될 텐데…'

그런 걱정에 마음이 조급했다. 하지만 사고 현장에서는 이런 내색을 할 수가 없다. 그곳에는 내 아들딸, 내 부모가 주검이 아니라 살아서 돌아오기를 바라는 가족들의 애끓는 기다림이 가득하기 때문이다. 그러니 앞으로 인양되어 올 희생자들의 신원 확인 및 검시를 위한 준비를 당당히 요구하기가 어렵다. 그때도 그런 상황 속에서 국과수 대형 참사 수습팀은 예산을 확보하려고 사방팔방 뛰어다녔고, 겨우 냉장 컨테이너를 확보해 시신을 안정된 상태로 보관할 수 있었다.

그렇게 애써 시신을 수습하고도, 시신을 인도하기 전날 밤에는 잠이 잘 오지 않는다. 희생자 가족을 만날 생각에 무척 긴장되고 마음이 무겁다. 그분들에게 "죄송하지만 시신의 상태는 이렇게 됐고, 소지품은 여기에 있었고, 어느 위치에서 발견됐습니다"라고 설명한 후 인도해야 한다. 법의학자로 일하다 보면 고인보다는 유족의 마음을 더 가까이 느끼는 경우가 많기에, 유족에게 사랑하는 가족의 안타까운 죽음을 설명하는 일은 언제나 어렵다.

특히 대형 참사로 인해 가족을 잃은 유가족에게 시신을 인도하는 날에는 험한 일을 당하는 경우도 많다. 욕설을 듣기도 하고 멱살을 잡히기도 하는 등 강한 항의를 받곤 한다. 이유는 다양하다. 왜 이것밖에 못 찾았느냐, 왜 시신 상태가 이렇게 험하냐…. 우리를 붙들고 울부짖는다.

우리 역시 시신을 수습하기 위해 몇 주를 고생한 상황이니 그런 반응이 속상하지 않다면 거짓말일 것이다. 그러나 나는 또한 잘 알고 있다. 시신을 인도받는 순간은 곧 가족이 살아 돌아오기만을 간절히 바랐던 실낱같은 희망이 산

산이 부서지는 순간이라는 것을. 그리고 힘겹게 기다리던 신원 확인 절차가 끝난 뒤 다시 한번 희생자의 모습을 보는 순간 가족들은 허망함과 울분, 대상 없는 분노가 차오르게 된다. 그것이 시신을 앞에 두고 가장 먼저 만나게 되는 사람인 우리 앞에서 터져나오는 것일 뿐이다. 그렇기에 속상하거나 흥분되는 마음을 빨리 털어내려 한다.

그래서 유족들을 만나기 전날에는 그분들 마음을 헤아리려 애쓰며 마음을 다잡는다. 어떤 일이 있더라도 흥분하지 말자고 다짐한다. 시신 인도 당일, 아침에 고참 선배는 후배들을 모아놓고 이렇게 이야기한다.

"절대 흥분하지 마라. 시신을 돌려드릴 때 욕설을 듣거나 멱살을 잡히는 일이 있어도 흥분하지 말고 차분히 응대해라."

수많은 죽음을 매일같이 마주하며, 어떻게 마음을 단단히 지킬 수 있는지 묻는 이들이 있다. 사실 법의학자는 망자의 고통보다는 상실의 아픔 속에 있는 유족의 고통을 더 가깝게 느낀다. 황망한 사고로 죽음에 이른 이들을 볼 때, 나 역시 유족의 고통에 감정이입되곤 한다. 특히 우리 사회의 안전 둔감증으로 미리 예방할 수 있었음에도 놓쳐버린 사고들, 그로 인해 결국 가장 약한 사람들, 가장 어리고, 가장 힘없는 사람들이 사지로 내몰린 사고들을 볼 때면 나 역시 굉장히 고통스럽다.

참사가 벌어질 때마다 생각나는 시가 있다. 씨랜드 화재 사건이 있고 나서, 한 시인이 너무 일찍 세상을 떠난 어린아이들을 추모하기 위해 쓴 시다. 이따금 이 시를 읽어보면, 부모의 마음은 어쩌면 이렇게 똑같은지, 사랑하는 가족을 황망하게 떠나보낸 유가족의 마음을 조금이나마 느껴볼 수 있다.

아이야
여섯 살이잖니
두 손으로 셈하기에도
네 개나 남은 나이인데
엄마와 3 더하기 3은 6

아직 일곱 여덟

셈하는 놀이도 끝나지 않았는데

하룻밤만 잔다더니 여직 그곳에서 놀고 있니

…

너의 향긋한 냄새는

너의 침대 배갯잇에도

너의 꼬꼬마 인형의 때묻은 뺨에도

그리고 지난번 소풍에 찍었던

사진 속의 네 미소에도 남아 있는데

너의 보송보송한 얼굴과

너의 고운 음성은

어디에 두었니

왜 그리 꼭꼭 숨었니

…

아이야, 천사의 날갯짓을 하고

오늘 밤 또 내일 밤

잠 못들어 뒤척이는 엄마 곁에

향긋한 너의 향기 뿌리며 오지 않겠니

내 그때라도 너의 보들보들한 뺨에 내 얼굴을 비비고

너의 은행잎 같은 손을 내 눈에 대어

흐르는 눈물을 막아보련만

…

오늘도 이 엄마는

너를 안았던 가슴이 너무 허전해

너를 부르며 피를 토한다

보고 싶은 내 아이야

귀여운 우리 아기야

_박경란, 「아이야, 너는 어디에」 중에서

가장 많이 구조한 사람,
가장 많이 구조하지 못한 사람

온 국민을 충격에 빠뜨렸던 세월호 참사가 일어나고 10년이 더 지났다. 여전히 국민적 트라우마로 남겨진 이 사건으로 형사 처벌을 받았던 두 사람이 생각난다. 한 사람은 이준석 선장, 또 다른 사람은 최초로 출동했던 목포해경 123정의 김경일 정장이다.

김경일 정장은 최초로 현장에 도착해서 구조 활동을 펼쳤으나, 침몰 중인 선박의 구조 상황을 미처 파악하지 못했고, 추가 조치를 제대로 취하지 않았다. 초동 대응이 미흡해 결국 많은 희생자가 발생했다. 아이러니하게도 그는 가장 많은 인명을 구한 동시에 가장 많은 희생자를 낸 사람이기도 하다. 왜냐하면 그가 최초로 사고 현장에 도착한 사람이기 때문이다.

여기에는 우리 사회의 온갖 모순과 비합리가 다 들어 있다. 김경일 정장을 두둔하거나 그가 억울한 희생자라는 이야기를 하려는 것이 아니다. 그 엄청난 사고의 책임이 과연 김 정장에게만 있으며, 그를 처벌하는 것으로 마무리될 수 있는 문제인지를 묻고 싶은 것이다.

사람들은 구조에 책임이 있는 해경이 출동해서 인명을 제대로 구하지 못했으니 책임을 져야 한다는 논리로 비판한다. 그렇다면 실제로 이 사건을 일으킨 핵심적인 원인 제공자들, 이런 사고가 반복돼도 여전히 시스템을 고치지 않는 관리들, 들추어내면 피해를 볼까 싶어 손을 놓고 있는 방관자들은 어떤가? 현상 이면에 자리한 근원적이고 치명적인 문제에 대해서는 누가 책임을 지고, 어떤 대책과 예방책을 세워야 하는 것인가?

이태원 참사 때는 과연 달랐을까? 문제의 핵심으로 가장 많이 거론된 것은 용산소방서다. 역시나 현장에 가장 먼저 출동해서 사람들을 가장 많이 구조했으나, 가장 많이 구조하지 못하기도 했다. 엄청난 수의 사상자가 발생했기 때문이다. 결국 용산경찰서장, 용산소방서장이 책임을 짊어졌다. 물론 목포해경 123정과 용산소방서의 대응을 동일선상에 놓고 이야기하는 것은 아니다.

그럼에도 이 사건들에서 놀랍도록 공통된 점을 찾아낼 수 있다. 가장 먼저 출동한 자, 가장 앞서서 구조하려 했던 자가 결국 가장 많은 책임을 짊어지게 됐다는 사실이다. 이런 일이 반복된다면 사고가 일어나고 사건이 터졌을 때 누가 앞장서서 뛰어들려 할지 의문이다. 나서봤자 책임이라는 명목으로 비난과 추궁에서 벗어날 수 없는 상황이 반복된다면, 모두가 뒷걸음질을 치지 않을까?

이런 문화가 팽배한 사회는 위험하고도 불행하다. 인명 피해가 예상됨에도 먼저 나서지 못하게 만드는 사회, 뒤로 물러나 자기 안위를 먼저 챙기도록 만드는 사회, 가장 일선에서 일하는 이들 중 희생양을 찾도록 강요하는 사회가 되어버리기 때문이다.

그 당시 민간 잠수사로 활동했던 분 중에 트라우마 치료를 위해 전북대병원 정신과에 다니는 분이 계신다. 줄 하나에 의지해 물살이 거센 바다로 들어가 뿌연 부유물을 헤치며 시신을 찾아냈다. 숨이 턱에 차오르도록 물속을 들락거리는 잠수사들 역시 죽음의 공포와 맞서며 수색 작업을 펼쳤다. 불안과 공포, 간절함 속에서 시신을 찾아내 붙잡았던 기억과 감촉이 온몸에 스며들어 사라지지 않았을 것이다.

그런데 이들을 힘들게 한 것은 그것만이 아니다. 세월호 실종자 수색을 하던 중 사망한 동료 잠수사의 죽음에 대한 책임을 국가는 민간 잠수사에게 물었다. 물론 무죄 확정이 났지만 국가의 책임을 무마하기 위해 무리하게 죄를 덮어씌운 상황이 당사자들에게는 얼마나 큰 고통이었을까.

이처럼 세월호와 관련된 문제점들은 한두 가지가 아니다. 사건이 발생하기 이전의 상황부터 사건 발생, 그리고 사후 처리까지 모든 지점마다 모순과 비합리로 가득 차 있다. 나는 이 문제들을 하나하나 찾아서 정리할 필요가 있다고 생각한다. 그래야 무엇이 문제였는지, 왜 그런 문제가 생겼는지, 어떻게 해야 그런 일이 다시 일어나지 않도록 막을 수 있는지 구체적인 방향을 잡고 대안을 마련할 수 있기 때문이다.

대구 지하철 참사의 후속 처리도 별반 다르지 않았다. 당시 증언 기록에 따르면, 1079호 기관차가 대구 중앙역에 들어서기 세 정거장 전부터 어떤 사람이 라이터를 껐다 켰다를 반복했다고 한다. 모든 승객이 그를 예의 주시했다. 아니나 다를까 기관차가 중앙역에 들어서자마자 그는 불을 붙이고 도망쳤다. 기관사가 나서서 불을 끄려고 했지만 가연성 물질이 너무 많아 금세 불은 번졌고 더는 어쩔 도리가 없었다. 결국 기관사는 탈출해 119에 신고했다. 화재 경보도 울렸다.

그런데 그 뒤로 어이없는 일이 벌어지기 시작했다. 종합상황실에서는 화재 경보를 오작동으로 판단하고 아무런 조치를 취하지 않은 것이다. 맞은편에서 오던 1080호 기관차는 상황실로부터 어떤 연락도 받지 못한 채 1079호 기관차가 불타고 있는 중앙역으로 들어왔다. 맞은편 차에서 발생한 화재를 목격한 1080호 기관사는 깜짝 놀라 상황실로 전화를 걸었다.

"화재 발생! 화재 발생!"

사태 파악이 안 된 종합상황실에서는 1080호 기관사에게 일단 '대기'를 시켰고, 기관사는 차를 멈춘 채 승객들을 차 안에 '대기'시켰다. 상황실에서는 뒤늦게 상황을 파악하고 "빨리 지나쳐 가라"는 피드백을 주었지만 이미 불길이 지하철 통로로 번져버린 후였다.

점점 치솟는 불길에 당황한 기관사는 습관적으로 마스터키를 뽑아 탈출하고, 전철 문은 수동 개폐를 할 수 없게 되어버렸다. 그 수많은 승객이 고스란히 갇힌 채로 말이다. 기시감이 느껴진다. 이 장면은 세월호 사건과 똑같다. 그렇다면 이제 우리는 늘 그래왔듯이 순서대로 그 기관사의 부도덕성을 얘기해야 할까? 물론 당연히 기관사에게 책임이 있다. 하지만 사건의 내막을 들여다보면 그 기관사만의 문제가 아니라는 걸 알 수 있다.

모든 기관차는 국제 규정상 기관사 2인 1조 근무가 원칙이다. 그런데 대구 지하철에서 경영 효율성을 생각해서 사고 3년 전에 구조조정을 통해 1인 근무 체계로 바꿔버렸다. 기관사가 2인이었으면 많은 것들이 달라질 수 있었던 상황이다. 그뿐만이 아니다. 앞서 상황실에서 화재경보를 무시해버리지 않았다면, 1080호에게 이 상황을 미리 알렸다면, 조금 더 빨리 대처 방법을 제시했다면, 어쩌면 우리가 기억하는 2003년 대구 지하철 참사는 애초에 일어나지 않을 수도 있었던 일이 아닐까.

얼마 전 어느 공무원 연수 교육에 강연을 하러 가게 되었다. 강연이 끝난 뒤 사람들과 인사도 하고 사진도 찍으며 마무리를 하고 있었는데, 맨 뒤에 있던 한 분이 한참을 머뭇거리다가 조심스럽게 말을 걸어왔다.

"제가 비겁한 거죠? 저 때문에 많은 분들이 돌아가신 거죠?"

의아해서 "무슨 말씀이신가요?" 하고 물었다. 알고 보니 그분은 대구 지하철 참사 당시 1079호에 탑승했다가 용케 그 화마를 빠져나왔던 생존자였다. 그런데 불 속에서는 빠져나왔지만, 다른 희생자들을 두고 홀로 살아남았다는 죄의식에서는 아직 못 빠져나오고 계신 거였다. 순간 가슴이 먹먹해 아무 말도 못 하겠기에 그냥 껴안고 등을 토닥였다.

"아니에요. 그 당시 1079호는 상황 대처도 잘했고, 덕분에 많은 분들이 빠져나올 수 있었어요. 미안해하지 마세요. 이제부터 우리 몫을 하면 돼요."

어떤 말로든 위로를 해주고 그분의 마음의 짐을 덜어드리고 싶었으나 충분했을지 모르겠다. 연신 눈물을 훔치면서 가는 그 뒷모습을 보다가, '우리는 모두 피해자'라는 생각이 들었다. 산 사람이나 죽은 사람이나 모두 피해자다.

문제의 근원을 제대로 이해하려면 사건의 단면만 볼 게 아니라 사건을 둘러싼 주변의 환경과 맥락을 모두 살펴봐야 한다. 원인을 제대로 짚어야 그에 맞는 해결책이 나올 수 있다.

다른 나라라고 대형 참사가 없는 것은 아니다. 1989년, 영국 힐스버러 스타디움에서 리버풀과 노팅엄 포레스트의 FA컵 준결승 경기가 펼쳐졌다. 표는 매진되었고 최소 5만 3천 명 이상의 팬이 모일 것으로 예상된 상황이었다. 그런데 교통사고로 도로가 정체되는 바람에 원정팀 리버풀의 응원단 버스가 늦게 도착했고, 버스에서 내린 팬들은 앞다투어 출입구로 몰려들었다. 이미 경기는 시작된 상황인데 회전식 출입문으로는 팬들을 빨리 들여보내기가 어려웠다. 현장을 관리하던 경찰서장은 병목 현상을 해결하고자 출구 쪽 슬라이드 문을 열어버렸다. 그리고 비극의 문도 함께 열렸다. 실상 이 문은 경기가 끝난 후 나가는 문으로, 입석 자리와 연결되어 있었다.

문이 열리자 수많은 인파가 한꺼번에 몰려들면서 순식

간에 아비규환이 되었다. 입석에 자리하고 있던 관중은 몰려드는 사람들에게 떠밀려 팬스(훌리건의 난입을 막기 위해 설치한 철제 망)에 짓눌렸고, 이런 상황을 모르는 이들이 계속해서 밀어붙이며 들이닥쳐 입석 관중석에 있던 이들이 압사를 당하고 만다. 그 사고로 97명이 사망하고 766명이 부상을 당했다. 1,600명이 들어갈 수 있는 입석 관중석에 약 3천 명이 한꺼번에 몰려들며 발생한 인재人災였다.

영국 경찰청과 정부는 이런저런 핑계를 일삼다 참사 20주기를 맞은 2009년에야 사건의 진상을 조사하기 위한 패널을 구성했으며, 2012년에 진상조사 보고서가 나왔다. 힐스버러 인디펜던트 패널이 내놓은 보고서에 따르면 경기장에 예전부터 도사리던 위험을 감지하지 못했고, 경찰이 팬들에게 직접적인 책임 전가를 했으며, 응급구조대의 초기 대응에도 문제가 있어서 많은 이들을 구하지 못했다고 결론을 내린다.

영국 경찰청장협의회NPCC와 경찰대는 2023년 1월 31일 공동 성명과 영상을 통해 입장문을 내고, 힐스버러 참사 희생자와 가족들에게 공식 사과를 했다. 그들의 사과문을 간추려보면 아래와 같다.

경찰의 실패가 비극의 주요 원인이며, 피해자와 가족들의 삶을 황폐하게 만들었음을 인정합니다. 당시 우리에게는 대중 운집에 대한 지침이 없었습니다. 유사시에 대비한 구급차나 병원 시스템을 갖추고 있지 않았고, 경찰끼리 소통할 수 있는 신호 체계도 없었습니다. 무엇보다 사고 발생 초기, 책임을 희생자들에게 돌리며 고인의 명예를 두 번 훼손시켰습니다. 이후 재발 방지를 위해 윤리 규정을 재검토하고, 더욱 강화할 것을 약속합니다. 그리고 힐스버러 참사와 같은 비극에 연루된 이들의 가족, 친지들을 위해 새로운 지침을 만들겠습니다.

사고가 나고 34년 만에 이루어진 일이다. 너무 늦은 사과였지만 그럼에도 철저한 진상조사를 통해 문제의 원인을 분석하고, 대책을 세우고, 예방할 방법을 찾는 일을 해낼 수 있었다는 점에서 의의가 크다. 참사 이후 경기장의 모습은 많이 달라졌다. 안전관리를 위해 잉글랜드의 축구장은 입석이 사라지고, 모두 좌석제로 바뀌었다.

대구 지하철 참사 이후 우리도 바뀐 것이 있다. 불이 잘 붙는 패브릭 소재의 의자가 불연성의 재질로 바뀐 것이다. 조금 불편할 순 있지만 화재에는 강하기에 더 안전해진 것이다. 이렇게 문제의 원인을 찾아내야 시스템이든 물리적 구조든 바꿀 수가 있다. 그래야만 예방책을 마련할 수 있다.

미국은 9·11 테러를 겪으며 전 국민이 혼란과 불안에 휩싸였다. 당시 사고 현장에 나갔던 소방대원들이 겪었던 심리적 트라우마는 더욱 극심했다. 그들이 너무나도 가슴 아픈 사건을 겪은 것은 사실이지만, 그럼에도 불구하고 부럽게 느껴지는 점이 있다. 처참한 고통 앞에서 서로의 손을 잡고 안아주고 보듬어주는 문화다. 일례로 미국의 심리학자들은 소방대원들의 심리상담을 위해 자원봉사를 하겠다고 나서기도 했다.

미국에서 9·11 테러가 발생하고 6개월여 동안 언론에 가장 많이 등장한 단어는 무엇일까? 바로 'We'와 'Our'다. 개인주의로 유명한 미국인들이 아픔을 겪은 이후 '우리'라는 단어를 집중적으로 썼다는 사실에 새삼 놀랐다. 어떤 참사나 비극적 사건이 벌어졌을 때 공동체가 연대해 서로를 위로하고 치유했다는 방증이기 때문이다.

반면 우리는 어떤가? 책임자가 누구인지를 찾는 데만 혈안이 되어 있고 그마저도 가장 힘이 약한 이들에게 모든 비난의 화살이 날아간다. '누구에게 책임을 물을까?'를 우선순위에 둘 것이 아니라 '이 일을 우리 함께 극복하자'라는 기조가 먼저여야 한다.

책임 소재를 따지지 말자는 말이 아니다. 문제의 원인과 경위, 책임자를 찾아 문책하는 것은 당연히 필요한 일이다. 다만 그것이 가장 우선시되거나 그것이 전부여서는 안 된다는 이야기다. 문책과 처벌로 끝낼 것이 아니라 우리 사회가 한 팀이 되어 위기를 극복하는 데 힘을 모으자는 것이다. 아픔과 고통을 끌어안는 태도, 너의 일이 아니라 우리의 일로 품어내는 문화가 절실하다.

이 세상의 불행은 사람을 가리지 않는다. 다른 이가 겪은 사고, 사건, 고통이 나에게 찾아오지 않으리란 법이 없다.

너와 나를 가르며 무관심과 회피로 살아가는 파편화된 세상은 너무 각박하고 불행하지 않은가. 책임도 위로도 '우리' 함께 짊어지는 사회를 꿈꿔봐도 좋지 않을까.

사람은 반드시 실수한다,
나도, 당신도

2007년, 임상법의학을 좀 더 연구해보기 위해 호주 멜버른에 일 년 동안 방문 교수로 다녀왔다. 당시 나는 전북대병원에서 법의료실을 운영하면서 의료사고에 대한 대처, 보상, 피드백 등의 업무를 맡아서 했는데 기본적인 체제가 갖춰지지 않은 터라 부족함을 많이 느꼈다. 게다가 임상법의학을 포함해 예방법의학에도 관심을 갖게 되었는데 우리나라에서는 새로 개척해야 하는 분야라 막막했다.

다른 나라에서는 이 일을 선도적으로 하는 곳이 있지

않을까? 이 막막함에서 벗어나 부족함을 채우고 선진 모델을 배울 만한 곳이 있지 않을까? 그런 생각으로 여기저기 알아보던 차에 호주 멜버른의 법의학연구소에 임상법의학 파트 Clinical Forensic Medicine of Victoria가 있다는 것을 알게 되었다. 그렇게 호주로 떠났다. 내가 호주 멜버른에 방문 교수로 가서 일 년간 보고 배운 것은 부검이 아니라, 임상법의학 시스템이었다.

호주 빅토리아주의 주도가 멜버른인데, 그곳에는 '검시법정'이라는 독특한 시스템이 있었다. 법적으로 이혼을 처리하는 가정법원처럼 검시를 둘러싼 문제를 처리하는 검시법정이 따로 있었던 것이다. 우리나라는 변사 사건이 발생하면, 범죄가 의심될 때에만 검시(부검)를 하는 데 반해, 여기서는 어떤 경우에 검시를 해야 하는지 검시법을 통해 아예 기준을 정해놓은 점도 놀라웠다.

'코로너 coroner'는 '검시 판사'를 뜻하는 단어인데, 코로너가 한 달에 한 번씩 소식지 Coronial Communique를 펴낸다. 예를 들어 어떤 죽음을 조사해봤더니 어떤 병원에서 실수가 있었고 그 결과로 환자가 죽었다는 사실을 알게 되면 죽음의 원인을 밝히는 것뿐만 아니라 해당 병원에 시정할 것들을 알려주고 권고하는 식이다. 그걸 소식지를 통해 공개한다. 그리고 이때 검시 판사를 중심으로 '수사'가 아니라 '조사'를 하게 된다.

이런 식으로 죽음을 조사해 사고의 원인과 과정을 밝혀내기 때문에 멜버른의 검시 법정은 우리나라 법정과는 사뭇 다르다. 청문회 방식으로 서로 열띤 토론을 하는데, 때로는 몇 년에 걸쳐서 토론이 진행되기도 한다. 범죄와는 전혀 관련이 없는 사고사라 할지라도, 사고의 원인을 밝히고 그것을 예방할 방안을 마련하기 위한 논의가 그렇게 열심히 이루어진다. 대단한 사람이 죽어서도 아니고, 사고가 아주 충격적이어서도 아니다. 그저 이름 없는 한 구성원의 죽음이라 할지라도 그 죽음을 통해 사회 안전망을 보강할 방법을 찾아야 하기 때문에 그렇게 하는 것이다.

한번은 호주에서 투약 사고가 벌어졌다. 이에 코로너가 소식지에 다음과 같이 발표했다. "대형 병원에서 몇 건의 사망 사건이 발생했는데, 아무래도 거기에 이상한 점이 있는 것 같다. 이에 대해 조사를 시작하려 한다." 조사를 시작하기도 전에 먼저 이런 내용을 일간지에 미리 발표했다. 사건의 은폐가 아예 불가능하도록 미리 공개해버리는 것이다.

조사 결과, 일련의 사망 사건이 간호사들의 실수에서 비롯된 문제였음이 밝혀졌다. 안타깝게도 간호사들이 처방받은 약을 잘못 주사해서 환자들이 죽음에 이르고 말았다. 예를 들면 셀라인(식염수), 물, 염화칼륨은 주사약의 포장이 비슷하지만, 이 중 염화칼륨은 심장을 멈추게 할 수 있다. 그런데 셀라인을 넣는다는 걸 실수로 염화칼륨을 넣어버린 것이다. 셀라인과 염화칼륨의 약병이 비슷해 저지른 실수였다. 코로너가 이와 동일한 실수가 또 있었는지를 조사했더니 서로 다른 대형 병원에서 무려 5건의 사례가 더 있었음이 나타났다.

코로너는 이 같은 사실을 바로 소식지에 게재했다. 누군가를 탓하거나 처벌하기 위해서가 아니라, 문제의 위험성이 크니 병원들과 의료진들도 이 부분을 주의하라는 경고의 의미로 공개한 것이다. 우리나라 같으면 어떤 상황이 펼쳐졌을까. 만약 대형 병원에서 이와 유사한 투약 사고로 사망 환자가 발생했다면 우리는 책임자부터 찾을 것이다. 누구의 지시였는가. 어느 선까지 알고 있었고, 누가 은폐에 동참했는가. 책임자를 처벌하는 데 모두가 촉각을 곤두세울 것이다.

반면에 호주의 코로너는 일단 사실을 중심으로 조사하고 사건의 정황을 있는 그대로 알린다. 압권은 그다음이다. 이런 사건이 터지자 코로너는 제약회사를 다 불러들인 후 문제의 해결책부터 제시한다. "지금 약병 라벨에 변별력이 없어서 혼동하기 쉽습니다. 그러니 당장 약병의 라벨부터 바꾸십시오." 이런 식이다. 병원을 향해서도 예외가 아니다. 위험한 약은 다른 약과 같은 트레이에 담지 않도록 규정하는 등 사고를 방지할 여러 대안을 제시해 바로 시정하도록 권고한다.

내게는 이런 대처들이 충격으로 다가왔다. 실수에 대한 책임을 묻는 데서 끝내지 않고, 시스템을 개선해 실수를 원천적으로 막으려고 노력하는 점이 놀라웠다. 사실 상식적인 일인데 우리의 현실과 너무 달라 충격을 받은 것이다.

그곳에서 공부하며 희망을 보았다. 인간의 실수를 무력하게 방치하는 게 아니라 시스템으로 막을 수 있다는 희망. 이처럼 현명하고 세련된 대처 방법을 성공적으로 수행하는 곳이 있으니 우리도 가능하지 않을까 싶었다. 그리고 우리 사회에도 이런 제도를 빠르게 도입해야 한다는 생각이 간절해졌다.

사람은 누구나 실수할 수 있다. 단 한 번의 실수도 하지 않고 사는 완전무결한 인간은 애초에 존재하지 않는다. 사람의 실수, 즉 인적 오류에 의한 사고는 생각보다 자주 발생한다. 특히 핵 발전소나 비행기처럼 대형 사고로 이어지는 복잡한 시스템 사고의 경우 주요 원인 중 60~90퍼센트가 인적 오류에 의한 것이라고 한다. 복잡한 기계나 시스템을 다룰 때는 작은 실수도 큰 사고로 이어진다. 그래서 예방의 중요성은 아무리 강조해도 지나치지 않다.

그런데 복잡한 기계나 시스템을 다룰 때만 인간의 실수가 독이 되는 것은 아니다. 일상에서도 인간의 실수로 생겨나는 비극은 부지기수다. 부검을 하며 접한 사건들 중에는 안타까운 경우가 많은데 그중에서도 특히 기억에 남는 사건이 있다. 일상에서 너무도 쉽게, 누구라도 할 수 있는 실수로 인해 일어난 일이어서 더욱 그랬다.

한 시골 마을에서 벌어진 일이다. 방학이 되자 손주들이 할머니 집에 내려왔고, 할머니는 아이들을 주려고 맛있게 전을 부쳤다. 시골이라 음식을 하면 항상 주변 사람들과 나누어 먹곤 했기 때문에 아이들 아빠는 할머니가 부친 전 중에서 모양이 좀 부스러진 것 한 접시, 잘 부쳐진 것 한 접시를 노인정에 가져다줬다. 그런데 노인정에서 그걸 드신 할머니 세 분이 돌아가시고 말았다.

대체 무슨 일이 벌어진 걸까? 알고 보니 그분들의 사인은 농약 중독이었다. 그날 할머니는 전을 부치다가 밀가루가 조금 부족해서 옆에 있던 새 밀가루 포대를 뜯어 섞어 사용했는데, 그것은 밀가루가 아닌 가루 농약이었다. 가루 농약과 밀가루를 구분하지 못해 일어난 비극적인 실수였다. 당시 할머니 집에 두었던 가루 농약은 하필 밀가루와 색깔도, 가루 크기도 비슷했고, 심지어 포대 생김새도 거의 비슷했다. 게다가 할머니가 연세가 많아 후각이 무뎠기 때문에 냄새로 이 둘을 구분하지도 못하고 섞어서 전을 부친 것이다.

너무도 안타까운 사건이다. 만약 농약 포대가 빨간색으로 되어 있었거나, 위험 표시를 눈에 잘 띄게 해놓았다면 어땠을까? 포장지가 한눈에도 확연히 구분되게끔 달랐다면 충분히 막을 수 있는 사고였다.

영국의 심리학자 제임스 리즌 James Reason 교수가 사고 발생 메커니즘을 설명하기 위해 만들어낸 '스위스 치즈 모델'이 있다(그림). 스위스 치즈를 보면 여기저기 구멍이 나 있는데, 어떤 구멍은 겉에만 살짝 파인 정도지만 어떤 구멍은 치즈를 관통하여 뻥 뚫려 있다. 구멍이 끝까지 뚫리지 못하고 중간이 막혀 살짝 파이는 데서 끝나는 것은 '사고를 막아주는 안전장치'가 있었음을 뜻한다. 그리고 치즈를 완전히 관통하여 뻥 뚫린 구멍은 '사고가 발생하는 취약점'을 상징한다.

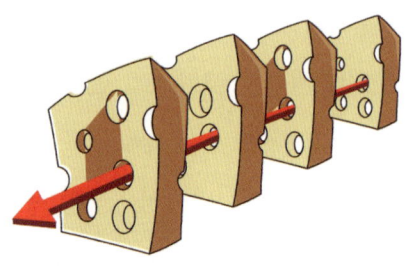

사고 발생 메커니즘을 보여주는 '스위스 치즈 모델'.

구멍이 뚫리는 데는 여러 가지 원인이 있을 수 있다. 인간의 실수, 시스템의 오류, 예측 불허의 상황 등 다양한 원인이 있을 수 있으나, 대개는 안전장치가 작동하며 사고를 미연에 막는다. 그러나 구멍이 파인 부분이 너무 많다면, 평소 문제 없던 안전장치가 어느 순간 작동되지 않는다면, 마침내 구멍이 치즈를 관통하고 사고가 터지고 만다.

스위스 치즈 모델을 잘 보여주는 예가 하나 있다. 한 엄마가 아이를 데리고 소아과에 가서 진료를 받았다. 의사는 아이를 입원시키는 게 좋겠다고 권유했다. 엄마는 아이를 입원시키고, 소아과 의사에게 "저희 아이는 알약을 못 먹으니 가루약으로 주세요"라고 말했다. 그런데 입원 당일 가루약이 아닌 알약이 처방되었다. 소아과 의사가 작은 실수를 한 것이다. 엄마는 간호사에게 가서 약을 잘못 줬으니 가루약으로 바꿔달라고 말했다. 그러곤 가루약으로 바꿔서 먹였다. 의사가 실수했으나 엄마가 사고를 막았다. 그래서 구멍이 뚫리지 않았다.

다음 날 또다시 알약이 처방되었다. 그런데 그다음 날, 또다시 알약이 처방되었다. 의사도, 간호사도, 약제부도 알아차리지 못했다. 엄마는 첫날은 실수를 정정했지만, 이쯤 되니 '우리 애만 유별난 것 같아' 하는 생각에 이번에는 그냥 먹여보기로 했다. 의사, 간호사, 약제부, 엄마까지 4단계의 안전망이 모두 뚫렸다. 이 이야기의 결말은 어떻게 되었을까? 엄마는 알약을 잘 삼키지 못하는 아이의 코를 막고 먹이려다가 알약이 그만 목에 걸리고 말았다. 급기야 기도 폐색에 의한 저산소성 뇌 손상, 즉 영구 장애가 왔다. 마지막 안전장치마저 모두 작동하지 않으면서 치즈에 구멍이 뻥 뚫리고 만 것이다.

실수가 연속해서 벌어지고 이를 제어할 안전장치가 없다면 처음 몇 번은 막을 수 있을지 몰라도 언젠가는 뚫리고 만다. 마치 구멍이 숭숭 뚫린 치즈처럼. 지금 당장 구멍이 보이지 않는다고 해서 영원히 안 생기는 게 아니라는 말이다. 누군가 구멍을 막고 있어도 그 방어막이 얇거나 그 사람이 실수를 하면 마침내 구멍은 뚫리고 치명적 위험이 발생한다. 결과 발생만 없으면 우리는 안전하다고 생각한다. 모래성처럼 토대가 허물어지고 구멍을 막는 벽이 얇아지고 있는데 그걸 모른 척하는 것이다.

그러면 어떻게 해야 이런 문제를 미연에 방지할 수 있을까? 내 실수를 말할 수 있는 분위기, 내 실수를 말해도 비난받지 않는 분위기, 다른 사람의 실수를 비난하고 낙인 찍지 않는 분위기가 마련되어야 한다. 그래야 감추지 않고 드러낼 수 있다. 드러내야 상황이 심각해지기 전에, 구멍이 다 뚫려 무너지기 전에 대안을 찾을 수 있다. 실수를 솔직하게 말하고 드러낼 수 있는 분위기, 그것이야말로 안전한 세상을 위한 첫걸음이다.

"실수는 인간의 본성이다 To err is human."

1999년 클린턴 대통령이 미국의학회 Institute of Medicine에 의뢰해 병원 의료사고를 조사하게 했는데, 그 보고서의 제목이 바로 "실수는 인간의 본성이다"였다. 인간이 실수하는 이유는 부주의해서가 아니라 설계가 잘못되어 있기 때문이라는 것이 이 보고서의 주요 메시지였다.

많은 사고들의 근본 원인을 들여다 보면 실수가 다른 실수들로 도미노처럼 이어질 때 참혹한 결과가 발생한다. 즉, 우연한 실수가 또 다른 실수로 연결되며 발생하기 때문에 그중에 하나만 빠졌어도 끔찍한 결과까지는 이어지지 않을 수 있다는 것이다. 따라서 개별적인 실수 하나하나를 탓하고 몰아세우는 일은 때로는 참사를 예방하는 일에 도움이 되지 않는다.

중요한 것은 실수의 연쇄를 끊는 것이다. 하나의 작은 실수가 발생했을 때, 이를 감추지 않고 드러낼 수 있는 관대한 사회적 분위기와 이미 벌어진 실수를 통해 오류를 분석하고 예방책을 빠르게 세울 수 있는 시스템이 마련되어야 한다. 그리고 우리는 이성적이고 합리적인 사람들의 집단이 아니며, 즉흥적이고 감정적인 사람들로 이루어져 있다는 사실을 인정해야 한다. 엘리베이터를 탈 때 탑승자들끼리 서로 몸무게를 계산하고 적정 중량에 맞는지 따져가며 탈 수는 없다. 일정 중량이 되면 자동으로 작동하지 않는 엘리베이터처럼, 우리의 시스템도 그렇게 설계되어야 한다.

우리가 실수에 대해 흔히 하는 두 가지 착각이 있다. 하나는 주의를 집중하고 계속 훈련하면 실수를 줄일 수 있다는 것이다. 이것은 실수에 대한 완전히 잘못된 생각이다. 인간은 완벽한 존재가 아니다. 아무리 주의를 기울여도 실수를 완전히 막을 수는 없다.

또 하나의 착각은 처벌을 강화하면 실수하지 않으리라는 것이다. 처벌로 실수를 막을 수 있다는 것 역시 환상에 불과하다. 처벌이 강화되면 범죄를 은폐하려는 경향 역시 강화된다. 이런 식으로는 실수나 사고를 줄일 수 없다. 처벌하지 말자는 게 아니라, 처벌 만능주의에 빠져서는 안 된다는 것이다. 나쁜 사람을 단죄하는 것보다 더 중요한 것은 다시는 같은 문제가 일어나지 않도록 하는 일이다. 객관적인 조사를 통해 문제의 원인을 찾고, 대안을 제시하고, 가이드라인을 만들고, 적절한 예방 시스템을 구축해야 한다.

우리는 살아가면서 어느 순간 실수를 저지를 수밖에 없다. 아무리 주의를 기울여도 약병 라벨을 혼동할 수 있고, 아무리 타인의 실수를 일깨워주어도 도무지 개선되지 않는 상황에 처할 수도 있다. 개인의 주의 집중만으로 세상을 바로잡을 수 있다는 것은 대단한 착각이다. 인간에게 잘못을 묻는 것보다 더 중요한 일은 시스템을 개선하는 것이다. 책임자의 처벌은 그다음이다. 그리고 그 시작은 바로 실수가 인간의 본성임을 인정하는 것이다.

기차가 먼저일까
철도가 먼저일까

　내가 사는 전주에서 서울을 오가는 전라선에는 속도가 다른 구간이 하나 있다. 바로 전주-익산 구간이다. 전주역과 바로 다음 역인 익산역까지는 기존에 사용하던 철도를 그대로 사용하고 있기에 KTX임에도 기차가 제 속도를 내지 못한다. 그러나 그 구간만 지나면 익산역에서 서울역까지는 KTX가 제 속도로 시원하게 달린다. 이곳을 지날 때마다 늘 떠오르는 단상이 하나 있다. 닭이 먼저인지 달걀이 먼저인지처럼 기차가 먼저 만들어지고 레일이 생긴 것인지 아니면 레일이 만들어지고 기차가 생긴 것인지가 매번 궁금했다.

인터넷 검색으로 찾아보니 최초에 광산 등지에서 석탄을 실은 광차를 갱도 바깥으로 끌어낼 때 협궤 레일이 사용되었다고 한다. 거기에서 좀 더 발전하여 지상에서도 말이 석탄을 실은 화차를 끄는 마차 철도(궤도)가 일부 부설되었다가 영국인들이 증기기관을 발전시킴에 따라 이 광업용 마차 철도를 증기기관 동력원으로 사용하려는 시도를 하게 되었다.

그런데 마차 철도를 이용하다 보니 당시 주철로 만든 선로가 기관차의 무게를 견디지 못하고 깨지는 문제가 발생해 상용화에 실패하고 만다. 이후 조지 스티븐슨이 선로를 연철로 만들어 기관차의 무게를 견디도록 만들어 이 문제를 해결했고, 그 후에 헨리 베세머에 의해 전로 제강법이 개발되면서 대량생산이 가능해진 강철을 이용해 상용화에 성공한 증기 기관차가 탄생했다. 엄격히 말하면 레일이 먼저 있었고 그다음 기차가 만들어진 것이다.

그렇다. 제도가 먼저다. 이 사례처럼 독립된 검시법과 법의학과의 관계 역시 기차와 레일과 같다. 현재 우리나라의 검시 제도를 놓고 보면, 마치 고속철이 마차 궤도를 달리는 듯한 상황인지, 아니면 여전히 말과 마차 궤도 수준에 머물러 있는 것인지 혼란스럽다.

어쨌든 아무리 훌륭한 운반 도구라 해도 레일이 튼튼하고 견고해야만 제 기능을 다할 수 있다. 그 레일은 바로 독립된 검시법이어야 한다. 그러나 그것은 기차나 레일의 노력으로 이루어지는 것은 아니다. 시대적 이해와 요구, 사회의 필요, 국민적 공감이 그 길을 열어주는 것이다. 그러기 위해서는 필요성과 당위성만으로는 어렵다고 생각한다.

한 해 법의학자들이 부검하는 건수가 1만여 건인 데 반해 사인 불명으로 등록되는 건수는 2만 5천 건이 넘는 것이 현실이다. 장례 후 사망 등록을 하는 제도, 더욱이 사망 진단서 없이 성인 두 명의 보증만으로 사망 등록이 가능한 인우보증제도(연간 4천 건 이상) 등은 협궤 레일이나 마차 궤도 정도로도 운영이 가능했다. 수도선부水到船浮라고 물이 들어와야 배가 뜰 수 있듯이 이제 독립된 검시법이 제정되기 위해서는 여러 준비가 필요하다. 그중에서도 장례에 관한 법률(가족관계 등록 등에 관한 법률 등)을 개정하여 사망 등록을 한 후에야 장례를 진행할 수 있도록 죽음의 처리 과정을 바로잡는 것이 선결되어야 하지 않을까.

변사 중심의 사법검시를 모두 포함한 행정검시를 위해서는 모든 사망에 대해 의사의 검증이 반드시 이루어져야 한다. 이는 필요조건이다. 이를 통해 사망 등록을 한 후 국가로부터 화장·매장 허가를 받아서 장례를 치를 수 있도록 한다면 일반 의사들에게 더 높은 수준의 법의학 지식과 경험이 요구될 것이며, 동시에 차별화된 전문가에 의한 검시의 필요성이 자연스럽게 사회적 요구로 이어질 것이라고 생각한다. 이를 차치하더라도 사망 등록 절차는 반드시 개정해야 한다는 것이 나의 오랜 생각이다.

어제와 같은 오늘을 살면서 내일은 다를 것이라고 기대하지 말라는 말이 있다. 매번 반복되는 검시법 공청회만 바라보면서 생일상 받으려고 한 달을 굶다가 굶어 죽는다는 속담이 생각났다. 법의학자들의 허기는 매우 심각한 상태다.

3부

나의 죽음, 너의 죽음, 그리고 우리의 죽음

가장 깨끗했던
299구의 시체에 대하여

"매일 시체를 보면 무섭지 않으세요? 트라우마 생기지 않나요?"

사람들이 가장 많이 물어보는 질문이다. 지금까지 30년 가까이 법의학자로 일하며 어림잡아 4천여 건의 부검을 진행했다. 화재로 사망한 사람, 물 속에서 부패된 사람, 교통사고로 처참하게 부서진 사람, 다투다 칼에 찔려 죽은 사람, 너무 많이 맞아서 숨진 사람…. 갖가지 이유로 허망하게 사망한 사람들의 시신을 보았다. 그러나 그런 참혹한 손상들은 내게 전혀 트라우마가 아니다.

진짜 트라우마는, 몇 년이 흐른 지금까지도 잊혀지지 않는 나의 트라우마는, 오히려 몸 어디에도 아무런 손상이 없었던 시신이다. 30여 년간 시체를 보아온 나조차도 충격에 말을 이을 수 없었던 그날의 시신들, 가장 깨끗했던 299구의 시신들이다.

세월호에서 인양된 시신들을 보았을 때 가장 먼저 놀란 것은 모든 희생자가 빠짐없이 구명조끼를 입고 있었다는 것이다. 모든 아이들이 침몰 직전까지 의식이 또렷했고 구명장비를 착용하고 있었으니 누구나 뛰어내려 탈출할 수 있었다. 건강한 고등학생들이었으니 바다로 뛰어내려 구조대가 올 때까지 충분히 버틸 수 있었으리라. 그런데도 대다수가 선실 밖으로 나오지 못하고 그대로 물에 잠긴 것은 책임자들이 "가만히 있으라"고 했기 때문이다.

안산 세월호 합동분향소에 한 엄마가 적어놓았다고 알려진 편지가 있다.

너는 돌 때 실을 잡았는데,
명주실을 새로 사서 놓을 것을
쓰던 걸 놓아서 이리 되었을까.

엄마가 다 늙어 낳아서
오래 품지도 못하고 빨리 낳았어.
한 달이라도 더 품었으면 사주가 바뀌어 살았을까.
엄마는 모든 걸 잘못한 죄인이다.

몇 푼 더 벌어보겠다고
일하느라 마지막 전화 못 받아서 미안해.
엄마가 부자가 아니라서 미안해.
없는 집에 너같이 예쁜 애를 태어나게 해서 미안해.
엄마가 지옥 갈게, 딸은 천국에 가.

몇 년 후 나는 세월호 유가족을 또 다른 장소에서 만난 적이 있다. 군 사망사고 진상규명위원회 활동을 하던 때였는데, 당시 위원회 사무실이 있던 건물에는 세월호 참사 특별조사단도 함께 있었다. 그때 들었던 이야기다. 언제나 칫솔을 지니고 다니는 중년 여성분이 계셨다고 한다. 늘 칫솔을 가지고 계시기에 다들 의아해했는데, 나중에 알고 보니 그분은 세월호 유가족이었고, 들고 있던 칫솔은 딸아이의 것이라고 했다. 딸이 사무치게 보고 싶을 때마다 딸의 냄새라도 맡고 싶어서 칫솔을 주머니에 넣고 다니시는 거라고.

많은 사람들이 세월호를 잊지 않고 있지만, 그럼에도 간혹 "이제 그만하자"는 사람들을 볼 때가 있다. 그럼 언제까지는 이야기를 해도 되고, 언제부터는 하면 안 된다는 말인가. 대형 참사 이후 사건을 충분히 애도하고 기억해도 되는 시간이 정해져 있기라도 한 것인가.

우리가 감히 유가족의 마음이 되어볼 수는 없다. 황망하게 떠난 가족이 얼마나 그리울지, 자식은 가슴에 묻는다는데 그 고통이 얼마나 뜨거울지는 알 수 없다. 그렇지만 우리가 아주 쉽게 할 수 있는 일이 하나 있다. 무언가 몸을 움직여 행할 필요도 없고, 나의 시간이나 돈을 쏟을 필요도 없는, 아주 간단한 일이다. 잊지 않고 기억해주는 것. 그들의 죽음을 기억하는 가장 마지막 사람이 되어주는 것이다.

배는 다시
침몰할 것이다

　세월호 참사 같은 대형 사고가 반복되는 이유는 무엇일까? 앞서 급속한 산업 발전이 가져온 부작용의 한 단면이라고 말했지만, 그것 외에도 다른 이유들이 더 있다. 사회의 시스템이 지닌 문제를 반성하거나 점검하지 않고, 개인의 일탈이나 무능력으로 책임을 돌리는 것이 대표적인 이유이다. 이로 인해 문제를 근본적으로 해결하기 위한 조사나 대안이 마련되지 못하는 상황이 발생한다.

　세월호 참사만 보더라도 비난의 화살이 한 개인을 향했

다. 처음에는 배를 몰았던 이준석 선장에게로 비난이 집중되었고, 수사가 진행되면서는 청해진해운의 실소유주로 알려진 유병언 회장에게 과녁이 옮겨갔다. 마치 이준석 선장만 아니었다면, 유병언 회장만 없었더라면 이런 사고가 발생하지 않았을 거라는 듯이 상황이 흘러갔다. 물론 그들에게는 명백한 잘못이 있다. 그러나 과연 그것이 참사 원인의 전부일까? 건강한 사회라면 유병언 같은 사람이 100명쯤 있다 해도 이런 사고가 발생하지 않아야 한다. 그런 사람이 잘못을 저지르지 않도록, 혹은 잘못을 저지르더라도 수백 명의 아이들이 희생당하는 결과에는 이르지 않도록, 사전에 막아주는 안전장치가 더욱 탄탄히 마련되어 있어야 한다. 단 하나의 요건으로 구멍이 뻥 뚫리는 사회는 분명 문제가 있다.

이런 식의 태도는 법의학에서도 드러난다. 법의학이 제대로 안착된 나라에서는 사망 사건에 접근할 때 누가 죽였는가를 먼저 찾지 않는다. 예방이 가능한 사건이었는가를 먼저 파악한다. 호주 멜버른에서 있었던 사건이 그 좋은 예다. 클럽에서 시비가 붙어 한 사람이 사망한 사건이 있었다.

우리나라 같으면 신고자와 목격자가 있고 증거도 있으니, 부검에서 외상성 뇌출혈 소견이 나오면 가해자를 처벌하는 것으로 사건을 종결했을 것이다.

그러나 우리와 달리 호주에서는 거기서 끝내지 않고 의문점을 찾아 더 깊게 파고들었다. 피해자의 사인은 복부파열이라고 하는데, 어째서 병원으로 후송된 후 6시간 만에 사망했는가? 의학적으로 걸리는 점이 있다면 겉으로 드러난 사망 원인이 있어도 의문점을 찾아 끝까지 추적한다. 조사 결과 드러난 상황은 이러했다. 병원에서는 가해자가 넘어진 피해자를 발로 밟았다는 목격자들의 진술에 따라 피해자의 복부 쪽 CT를 찍고 관찰했다. 그런데 사망 후 부검을 해보니 피해자의 사인은 넘어지면서 발생한 외상성 뇌출혈로 밝혀졌다. 복부가 아닌 머리를 먼저 점검했다면 살릴 수도 있었을 거라는 가능성이 제기됐다. 이 사람을 사망하게 한 가해자의 범죄 여부에 초점을 맞추는 것이 아니라, 개선할 수 있는 응급의료 시스템의 문제를 더 들여다본 것이다.

이 사건으로 멜버른의 구급대원과 상황실 직원들은 모

두 보수 교육을 받았고, 의회를 움직여 응급상황실에 간호사 출신을 배치해서, 후송 중에도 최초 신고자와의 대화에서 더 많은 정보를 얻을 수 있도록 만들었다. 법의학이 사회에 어떻게 기여할 수 있는지를 보여주는 대표적인 예다.

시스템을 점검하는 것의 중요성을 보여주는 다른 예도 있다. 2009년 1월 15일, US항공 1549편 비행기가 허드슨강에 불시착하는 사건이 있었다. 그 이유는 다음과 같았다. 비행 중 새 떼가 엔진에 휘말려 들어가면서 불이 붙었고, 비행기는 맨해튼에 추락할 위험에 놓였다. 그러나 기장의 현명한 판단과 탁월한 실력, 노련함으로 비행기는 허드슨강에 무사히 불시착하고 승무원을 포함해 155명 전원이 구조되는 기적 같은 일이 일어났다.

이 실화는 〈설리: 허드슨 강의 기적〉이라는 제목의 영화로도 만들어졌다. 불시착까지는 기장의 탁월함에 기댔지만, 그 이후의 구조 작업도 놀랍다. 비행기가 불시착한 뒤 승객 전원이 구조되기까지 24분밖에 걸리지 않았다. 모든 비상 체제가 가동되면서 해양구조대, 경찰, 의료진을 비롯해 구조 인력이 빠른 속도로 투입되었다. 톱니바퀴처럼 구조 인력들이 호흡을 맞춰 승객 전원을 구해내는 모습은 가슴을 먹먹하게 한다. 우리가 겪은 현실과 극명하게 비교되기에 더욱 그렇다.

그런데 놀라운 사실이 또 있다. 사망자 한 명 없이 모두를 구해냈음에도 설렌버거 기장이 사건조사위원회의 공청회를 앞두게 되었다는 점이다. 혹시나 있었을지 모르는 실수를 그들은 철저히 조사했다. 영화에서만이 아니라 실제로도 그랬다고 한다. 그들은 사건을 재검토하면서 끊임없이 의심하고 조사하고 질문했다. 혹시 다른 공항으로 우회해 이륙할 수는 없었나? 혹시 엔진 하나가 살아 있었던 건 아닐까? 기장의 성공을 깎아내리기 위해서가 아니라 사고를 수습하는 과정에서 더 나은 선택지는 없었는지를 끊임없이 묻고 고민하는 것이다. '사람이 안 죽었으니 이걸로 끝'이 아니라 더 안전한 사회를 위해 놓쳤을지도 모를 실수를 끝까지 찾겠다는 태도다.

세월호 사고는 이와 정반대의 모습을 보여준다. 사회적

안전망의 부재가 불러온 결과였음에도 배가 왜 침몰했는지, 어느 부분에서 문제가 있었는지 추적하고 찾아내는 데 주목하지 않았다. 대신 처벌과 보상으로 끝을 맺으려 했다. 그뿐인가. 문제가 해결됐으니 예산을 들여서 세월호를 끄집어낼 필요가 없다고 호도하며 사건을 덮으려 한다.

처벌과 보상이 완료되면 정말 그것으로 끝난 걸까? 지난 사고를 재검토하지 않는다면, 문제의 원인을 찾아 고치지 않는다면, 사고는 또다시 반복될 것이다. 문제는 여전히 그 자리에 그대로 남아 있기 때문이다.

검토 시스템이 없다는 것, 객관적으로 사고를 다시 고찰해보는 과정이 없다는 것은 심각한 문제다. 문제의 근본적 원인은 어디에 있을까? 어떤 과정에서 장애가 발생한 것일까? 혹시 다른 방법으로 사고를 처리할 수는 없었을까? 이런 식으로 사건을 탐구하고 분석하고 의문을 제기해야 진짜 문제를 찾아낼 수 있다. 따라서 시스템의 결함을 찾으려는 노력을 하지 않는다는 것은 결국 안전을 위한 국가적 시스템이 없다는 말이기도 하다.

중대재해처벌법이 생기면서 요즘은 각 사업장에서 발생한 사건을 부검한다. 그런데 이 역시 처벌법에 불과하다. 법률가들은 '처벌하면 예방할 것이다'라고 생각하지만 실제로는 절대 그렇지 않다. '안전 ○○○일째'라는 슬로건을 써 놓는 건설 현장을 액면 그대로 믿을 수 없다. 이런 현장은 안전한 현장이 아니고 안전을 숨기는 현장일 가능성이 크기 때문이다.

일정 기간 이상 사고 없이 안전을 유지하면 국가 장려금이 나온다. 안전을 독려하기 위해 만든 제도지만, 이게 오히려 역효과를 내고 있다. 안전 며칠째라는 목적 달성이 우선시되려면 진짜 안전에 힘써야 하는데, 그러는 대신 '안전한 척'을 하는 것이다. 이처럼 장려금을 받기 위해 문제가 생겨도 적당히 덮고 합의해버리는 일이 잦아지고 있어서 안전제일주의가 오히려 부정적으로 작용하는 것이 현실이다.

그럼 어떻게 해야 할까? 진짜 안전을 지키려면 오히려 실수를 드러내야 한다. 실수를 말하고 공개해서 무엇이 문제인지 찾고, 이를 교정할 방법을 강구해야 한다. '안전제일

주의'라는 허상에 빛과 그림자가 있다는 걸 제대로 알아야 한다는 말이다. 강력한 처벌이 오히려 역작용을 일으키는 것과 같은 맥락이다.

언젠가 한 방송에서 이야기하기도 했는데, 무언가를 잘한 사람에게 주는 '우수상'이 아니라 무언가에 깜짝 놀란 사람에게 주는 '식겁상'이 있다면 좋겠다. 산업 현장뿐 아니라 우리 사회 전반의 안전을 위해서는 우수상보다 식겁상이 더 중요하다. 생각지도 못한 일이 발생할 뻔해서 크게 놀랐던 작은 실수들을 공유하는 상이다. 실수를 말하는 일이 부끄럽지 않은 사회, 실수한 동료를 비난하거나 낙인찍지 않는 문화가 안전을 구축할 수 있다.

대형참사의 경우 시스템의 문제를 들여다보면 그 안에는 반드시 경제적인 문제가 숨어 있다. 투자하는 돈을 줄이기 위해서 철근을 빼먹고, 싸구려 재료를 사용하고, 적재 용량의 몇 배를 싣는다. 그런데 이런 태도야말로 소탐대실이다. 사고가 나면 복구하는 비용은 안전 비용의 7배가 소모된다. 7분의 1의 비용으로 안전을 유지할 수 있음에도 리스크를 감내하며 안전을 무시하는 것이야말로 얼마나 어리석은 일인가.

 범죄자 찾기가 아니라 불안전한 지점을 찾는 일에 집중해야 사고를 막을 수 있다. 반복되는 사고는 개별 사람이 아닌 시스템의 문제라는 걸 기억하자. 정상적이고 건강한 사회라면, 적어도 시스템의 결함으로 반복되는 죽음은 없어야 한다.

어느 부부가 한 자루의 도토리를
모으기까지 걸린 시간

대개 아침은 부검으로 시작하는 날이 많다. 아침에 부검을 해야 나머지 장례 절차를 치를 수가 있기 때문이다. 그날 아침에는 어린아이의 시신을 부검했다. 어린아이를 부검할 때는 마음이 유독 쓰인다. 조금 더 살아도 좋았으련만 너무 일찍 떠난 것이 안타깝다. 게다가 나도 자식을 키우는 부모이니 더 감정이 이입된다.

한데 그날 내가 부검한 아이는 범죄나 특별한 사건에 의해 사망한 것이 아니었다. 아이가 갑작스럽게 쓰러져 죽음에 이르렀다. 이런 경우 부모님을 만나서 이야기 나눌 때 상당히 조심스럽다. '신경 써서 아이를 봤다면 미리 알 수 있었던 것 아닐까?', '혹시 우리가 무심해서 증상을 놓치진 않았을까?' 이런 죄책감에 빠지지 않도록 신중을 기한다.

부검 후 아이 부모님을 만나 말했다. "밖으로 보이는 증상이 없어서 누구도 미리 알 수 없었을 겁니다. 아이 자신마저도 몰랐을 거예요." 내가 할 수 있는 최선의 위로였다.

법의학을 하면서 수사에 도움이 되도록 정확한 진단을 내리는 것은 내 업무다. 나는 사법부검을 담당하는 법의학자이기 때문이다. 법의학자는 굳이 유족을 만나지 않고 사건을 의뢰한 담당 경찰하고만 소통해도 된다. 유족을 만나야 한다는 규정은 없다. 그러나 나는 사법기관에서 일하는 사람으로서가 아니라 의사로서 법의학을 선택했기에, 부검한 후에는 반드시 유족들과 만나 대화를 나누려 한다. 그제야 비로소 의사로서 소임을 완수했다고 느껴지기 때문이다. 나는 의사인 동시에 법의학자이니 누구보다 자세하게 설명해줄 수 있다. 가족의 답답한 마음을 조금이나마 풀어주어서 그들의 마음을 달래주는 것으로 나만의 애도를 한다. 그건 의사라는 소명을 받은 사람만이 할 수 있는 일이기도 하다.

물론 부검 후 가족들을 만나 이야기를 나누다 보면 내 이야기를 온전히 이해하는 분은 그리 많지 않다. 가끔은 나 혼자서 떠들고 있다는 생각도 든다. 왜 안 그렇겠는가. 가족을 잃고 마음이 무너져내린 상태에서 의학적 내용들이 귀에 들어올 리 없다. 그뿐인가. 부검을 한다는 것도 현실감이 없을뿐더러 부검이 끝나고 봉합된 시신을 보는 것도 힘든 일이다. 절개한 몸에 꿰맨 자국이 가득하니 가족들이 그걸 보는 게 어찌 쉽겠는가. 그런 것들이 나중에 트라우마로 남는 경우도 꽤 있다. 그 당시에는 경황이 없어서 몰랐다가 시간이 지나면서 그 기억들이 하나둘 떠오르며 불쑥불쑥 현실을 침범하는 것이다.

사망에 이르는 과정은 각자의 인생에 따라 다르지만, 적어도 사망 이후는 모두 공정하고 기품 있게 마무리가 됐으면 좋겠다. 그 사람이 생전에 뭘 했는지 불문하고, 죽음의 사인을 밝히는 과정은 최대한 정확하고 단순하고 공정해야 한다는 게 내 소신이다. 그런 이유에서 가족들 역시 그 죽음의 이유와 원인을 제대로 알아야 한다. 그래서 가족들 면담 시 녹음도 하시라고 권하고, 궁금한 게 있으면 언제든 다시 찾아오라고 말씀드린다. 납득하고 받아들일 수 있을 때까지.

하루는 우리 조교가 "교수님, 어떤 노부부가 찾아오셨는데 아무래도 좀 만나보셔야 할 것 같아요"라고 말했다. 가서 보니 내 기억에는 없는 분들이었다. 그분들의 이야기를 들어보니 사연은 이랬다. 2년 전에 젊은 딸이 집에서 사망해 곧바로 전북대병원으로 이송되었다. 시신을 보니 부검하지 않아도 타인이 개입했다는 근거가 없음을 알 수 있었다. 명확한 자살이었다. 그래서 부검의 필요성이 없다는 소견을 적시한 시체검안서를 떼어주었다.

딸이 자살했다는 말에 부부는 망연자실 주저앉고 말았다. 억장이 무너져내린 것이다. 하지만 마냥 그렇게 있을 수만은 없는 일이지 않은가. 남은 사람은 또 어떻게든 살아가야 하니까. 아버지는 가장의 역할을 하기 위해 일어나야겠다는 결심을 하고 무척이나 노력하셨다. 부인을 힘겹게 설득해서 2년 동안 함께 산에 올랐다고 했다. 사실 마음의 아픔을 달래는 데는 육체적 활동이 꽤 도움이 된다.

두 분은 산에 다니며 이렇게 목표를 세웠다고 한다. "우리 도토리를 주웁시다. 그 도토리로 묵을 쑤어서 우리 딸을 부검하지 않고 곱게 보내준 그분한테 가져다 드립시다." 그 목표로 2년 동안 산에 오른 것이다. 목표를 정하면 어떻게든 실행하기 위해 거기에 매진하기 때문이다. 그러곤 정말로 당신들이 주운 도토리로 묵을 쑤어 가지고 오셨다.

매일 산에 오르고, 한 발 한 발 길을 내디디며 딸을 떠나보내는 연습을 했을 것이다. 그 시간 동안 그 걸음 속에서 얼마나 많은 기억이, 얼마나 많은 그리움과 아픔이 오고 갔을까? 그런 시간을 지나온 후에야 비로소 딸의 죽음을 받아들이고, 고인을 보낼 용기를 냈던 것이다. 어찌 보면 반드시 거쳐야 할 애도의 시간이었던 셈이다.

가족을 잃은 사람, 상실의 아픔을 겪은 이들을 어떻게 위로해야 할까? 사실 어려운 일이다. 병문안을 가거나 조문을 갔을 때 어떤 말을 할 수 있을까? 가만히 생각해보면 결론은 '아무 말도 하지 말자'이다. 어떤 말로도 위로하기가 쉽지 않다. 그래서 조용히 곁에 있어주는 것, 그 사람이 도움을 요청할 때 해줄 수 있는 걸 해주는 것, 그 정도가 좋겠다 싶다. 간혹 옆 사람들이 위로한답시고 그동안의 기억을 자꾸 잊으라고 할 때가 있다. 그만 잊고 떠나보내라고 그런데 가까운 이는 그 사람의 경험이 내 몸에 체화돼 있다. 그 존재가 내 안에 있다. 그러니까 '너무 슬퍼하지 마라', '빨리 잊어라' 그렇게 종용할 필요가 없다.

죽음을 통해 삶의 모습을 본다는 것은 애도의 문화에서도 잘 드러난다. 인간은 어차피 필멸의 존재이니 죽음을 두려워하지 말고 받아들이라고 한다. 그럼에도 가까운 이가 내 곁을 떠나면 슬프고 아픈 것은 인지상정이다. 그것마저 떨쳐내라고 할 수는 없다. 때로는 슬픔의 시간을 갖는 것도 우리에게 필요한 일이다. 슬플 때는 슬퍼하고 아플 때는 아파하는 시간을 자신에게 허락해주어야 한다. 이별의 슬픔을 외면하거나 회피할 게 아니라 있는 그대로 다 느끼는 것, 그것이야말로 애도에 있어 가장 중요한 지점이다. 충분히 슬퍼하고 아파한 뒤에야 거기서 빠져나올 수 있다. 이것이야말로 좋은 이별이며, 거기서부터 다시 시작할 수 있다.

이별의 슬픔을 견뎌내는 것은 본인의 몫이지만 모든 것을 개인에게만 맡겨두어서는 안 될 때도 있다. 특히 범죄의 피해자가 되어 가족을 잃은 유족들은 더욱 그렇다. 이런 경우에는 사회나 국가가 적절히 개입해야 한다. 우리나라는 범죄 피해자는 물론, 피해자 가족들에 대한 지원책이 일부 있긴 하지만 여전히 부족한 형편이다.

나는 이런 분들을 위한 정책적 지원과 보호 시스템이 좀 더 필요하다는 생각을 꽤 오랫동안 해왔다. 살아남은 사람들이 고통 속에서 헤매지 않도록 도와줄 가이드 역할이 필요하다. 그런 이유로 나는 범죄나 국가적 사건으로 죽음을 맞닥뜨린 가족들에게 '교통경찰' 같은 사람이 되어드리고 싶다. 언제든 찾아오면 필요한 도움을 주고, 상실의 아픔에서 회복할 수 있도록 돕는 안전망을 만들어주는 것, 그 과정에서 필요한 안내자 역할을 하는 것이다. 이러한 애도 의학을 시스템화하고 싶다.

치료만 하는 케어care를 넘어 동반하는 큐어cure가 필요하다. 상실의 아픔을 개인에게만 맡기지 않고 보듬어 안으면서 동반해주는 것, 혼자 일어서기 힘들 때 버팀목이 되어주는 것. 이런 문화와 시스템, 그리고 정책이 절실하다. 사회적 약자와 상처받은 자를 외면하는 사회는 병든 사회다. 그런 사회에서는 그 누구도 건강하게 살아갈 수 없다.

나는 죽음에서
삶을 바라본다

"죽음이란 대체 뭘까요?"

나는 이런 질문을 자주 받는다. 부검의로 일하다 보니 내가 죽음에 대해 더 많이 알 거라고 기대하며 물어보는 것이다. 그러나 나 역시 죽음에 대해 모른다. 나는 시신만 볼 뿐 죽음과 죽음 이후의 세계에 대해서는 다른 사람들과 다를 게 없다. 경험해보지 못했기 때문이다.

『소크라테스의 변명』에는 이런 문장이 나온다.

자기가 알지도 못하는 것을 안다고 생각하는 것이야말로 가장 비난받아야 할 무지가 아닐까요?

소크라테스는 세상에서 가장 무지한 사람은 알지도 못하는 것을 아는 것처럼 말하는 사람이라고 지적한다. 무엇을 알고 무엇을 모르는지조차 구분하지 못하니 안다고 하는 것이다. 내가 죽음에 대해 알지 못한다고 말하는 것도 같은 맥락이다. 나는 삶이 끝난 사람은 봤지만 죽었다가 다시 살아난 사람을 보지는 못했다. 그러니 죽음이 무엇인지 함부로 논할 수 없다.

죽음을 직접 경험하지는 못했지만, 시신은 많이 봤다. 시신을 본다는 건 죽음의 원인과 이유를 밝히는 일이므로 죽음과 연결되어 있는 삶을 들여다볼 기회가 많았다는 뜻이다. 죽음을 통해 그의 삶과 그가 맺고 있는 관계들을 마주하게 된다. 죽은 이와 연관된 사람을 만날 일도 많아지고 희생자와 범죄자, 그리고 그 가족들의 삶도 들여다보게 된다.

시신을 통해 그의 삶과 그 너머의 것들을 보게 되는 것은 물론이고, 다양한 죽음을 접하며 우리 사회의 여러 단면을 마주하게 된다. 지금 우리 삶이 얼마나 각박한지, 가족 관계가 얼마나 무너졌는지, 불신으로 가득한 사회가 서로에게 어떤 상처를 주고 있는지. 이런 것들을 좀 더 자주, 좀 더 가까이에서 들여다보게 된다고 할까.

그런 경험은 '삶을 제대로 살아야 죽음도 제대로 맞을 수 있겠구나'라는 생각으로 연결되었다. 단순하게 말하면, 잘 살아온 사람이 잘 죽는다는 것이다. 그럼 어떻게 해야 잘 살 수 있는 것일까? 제대로 된 죽음을 맞는다는 건 또 무슨 의미일까?

어떤 질병에 특별히 취약한 체질이나 사정이 유난히 어려운 사람이 있듯 유독 힘들고 아픈 죽음을 맞는 이들이 있다. 삶의 마지막 단계에서는 돈이 많고 적고는 별로 의미가 없다. 가장 중요한 것은 단단한 관계다. 주변인과의 유대 관계가 튼튼한 것이 삶의 마지막 단계에서 가장 중요하다는 걸 수많은 죽음을 만난 후에 알게 되었다. 아무리 부자여도, 사회적 명성이 화려해도 의미 있는 관계가 없는 이들의 죽음은 초라하다. 힘겨운 세상을 살아가는 데 있어 좋은 관계는 우리를 지켜주는 방패와도 같다.

스웨덴에서 실시된 한 연구에 따르면, 29~74세 사이의 남녀 1만 7천 명 이상을 대상으로 종단 연구를 진행해보니, 사회적 연결이 강할수록 모든 원인으로 인한 사망 위험이 6년 동안 거의 4분의 1로 줄어들었다고 한다. 이 외에도 타인과 좋은 관계를 맺은 사람이 그렇지 못한 사람에 비해 더 건강하고 수명이 길다는 연구 결과는 무척 많다. 미국으로 이민 온 이탈리아 사람들의 수명은 다른 미국인에 비해 길다고 한다. 그 이유는 가족 단위로 어울려 함께 사는 이탈리아인의 문화 때문이다. 이런 예들로 알 수 있듯 건강한 관계는 우리 삶을 지탱해주는 든든한 지지대다. 그렇다면 건강한 사회적 네트워크가 깨지지 않도록 돕는 기본 인프라가 마련되어야 한다. 이는 사회가 해줄 역할이다.

외로움과 고독이 지나쳐 스스로 생을 마감하는 이들이 있다. 예전에는 노인들이 고독사하는 일이 많았는데, 최근 들어 혼자 사는 젊은 세대들의 고독사가 많이 늘었다. 눈여

겨봐야 할 지점이다. 이런 죽음을 살펴보면 먼저 사회적 단절이 있고, 그다음에 생물학적 단절이 나타난다. 사회적으로 고립된 후에 죽음을 택하는 것이다.

고독사한 시신은 대체로 부패로 인한 악취가 심해져 이웃의 신고로 발견될 때가 많다. 혹은 월세가 몇 달씩 밀려 보증금으로 해결되지 않는 수준에 이르러 집주인이 직접 집을 찾아가서야 발견한다든가 하는 식이다. 생활 반응이 완전히 사라지고 한참 후에야 발견되는 것이다. 그래서 안타깝게도 고독사한 이들은 매우 처참한 모습으로 발견되는 일이 흔하다.

오늘 부검했던 분도 비슷하다. 부검 결과 자살로 보였는데, 경찰의 사건 보고를 들어보니 빚에 시달리다가 형제들과도 일찌감치 관계가 단절된 사람이었다. 몇 달 전 지인에게 생활비 30만 원을 빌린 것이 교류의 마지막이라고 했다. 그의 죽음을 애도해줄 사람이 몇이나 될까 싶어 마음이 몹시 쓸쓸했다.

확실한 건 누구나 죽는다는 사실이고, 다만 언제 죽는지만 불확실하다. 길어야 백 년 남짓 사는 인생인데 이 수명을 다 못 채우고 조금 일찍 떠난 이들은 그보다 더 짧게 살다 간다. 누군가 떠나면 누군가는 남겨지게 마련이고, 거기엔 이별의 슬픔이 함께한다. 하지만 우리 모두 죽는다는 관점에서 생각해보면, 어차피 피할 수 없는 죽음과 이별을 조금 빨리 만난 것뿐이다.

우린 가까운 이들을 잃으면 상실감으로 몹시 괴로워한다. 만약 나 홀로 영원히 살고 내 가족만 죽는다면 그건 굉장히 슬프고 안타까운 일이다. 하지만 냉정하게 따져보면 나도 곧 따라간다. 가족, 친구, 사랑하는 사람들과 함께할 시간이 조금 줄어든 것뿐이다.

자식을 먼저 보내거나 혹은 가족이 억울하고 황망한 죽음을 맞으면 분노 내지는 죄책감이 든다. 자살자를 둔 가족이나 사고사를 당한 가족도 마찬가지고, 불치병으로 시한부 선고를 받은 사람의 가족도 그러하다. 외부에서 가해진 충격에 불가항력으로 당할 때 인간의 심리는 비슷하다. '왜 내게, 왜 지금, 왜 이런 일이?' 이렇게 부정하고, 분노하고, 좌절하다가 죄책감을 느끼고… 시간이 한참 지나 수용하게 된다. 물론 끝내 받아들이지 못하는 사람들도 있다. 그럼에도 나는 이렇게 말하고 싶다.

"떠난 사람을 슬퍼할 시간에 내 곁의 사람들과 행복을 찾으세요."

슬픔은 어떤 측면에서는 오만한 것이기도 하다. 나는 죽지 않을 것이라는 믿음, 나와 내 가까운 이는 불행하지 않을 것이라는 믿음. 그 배반으로 슬픔이 찾아오기 때문이다. 내가 겪지 않아도 될 일을 겪었다고 생각하기에 슬프고, 화나고, 분노하는 것이다. 그런데 왜 나여서는 안 되는 것인가? 앞에서도 말했듯이 사고, 죽음, 고통은 우리 누구에게나 찾아올 수 있는 일이다.

부디 분노와 슬픔으로 시간을 버리지 않았으면 좋겠다. 우리는 한 번 지나오면 결코 다시 돌아갈 수 없는 길을 간다. 우리 삶은 리허설이 있는 연극 무대가 아니다. 시간을 되돌려 같은 길을 두 번 걸을 수도 없다. 죽은 자식을 그리워하다 정작 살아 있는 자식이 고통 속에서 살아가는 걸 방치하는 부모의 이야기를 많이 접해보지 않았나. 이 얼마나 부조리한 일인가.

지금 누구와 걷고 있는지, 누구와 마음을 나누고 있는지 곰곰이 생각해보자. 곁에 있는 이에게 미소를 보내고 사랑한다는 말을 해주고 맛있는 음식을 나눠 먹는 일. 일상의 소중함을 함께 누리는 것, 그것이 인생이다. 이미 떠난 사람을 붙잡고 슬퍼하느라 지금 옆에 있는 사람을 지옥으로 몰아넣어서는 안 된다. 우리에게 주어진 시간은 그리 길지 않다. 유한한 시간을, 더 늦기 전에 곁에 있는 이들과 함께 나누어야 한다.

떠난 이를 애도하고 그리워하는 것은 필요한 일이지만, 삶이 슬픔에 잠식되어 피폐해지지 않았으면 좋겠다. 우리에게 주어진 생이 그리 길지 않음을 기억해야 한다. 우리 곁에 있는 이들과 함께할 시간 역시 생각처럼 길지만은 않다는 것도.

우리를 살게 하는 것은
결국 사랑의 힘

나는 내비게이션을 좋아한다. 내비게이션은 한 번도 "잘못 들어섰습니다. 다시 돌아가세요"라는 말을 하지 않기 때문이다. 대신 이렇게 말한다.

"새로운 경로를 탐색하겠습니다."

어느 날 운전하다 길을 잘못 들어섰는데 내비게이션이 새로운 경로를 탐색하겠다고 말했다. 늘 듣던 말인데 그날따라 유독 그 말이 가슴에 박혔다. '그래, 길을 잘못 들어서면 새로운 길을 찾으면 되지.' 인간보다 내비게이션이 현명하다 싶었다.

우리도 인생을 내비게이션 같은 태도로 살면 좋겠다. 아무리 엉뚱한 길로 들어서도, 몇 번이고 길을 잘못 들어서도, 코앞의 분기점에서 방향이 헷갈려도, 얼른 다시 새로운 경로를 탐색하면 되니까 말이다. 후회하고 괴로워할 시간에 그저 새로운 최적 경로를 찾아 뒤돌아보지 않고 새 길로 가면 좋겠다.

행복은 목표가 아니라 수단이다. 손에 잡히지 않는 저 먼 곳 어딘가에 숨겨진 보물을 찾듯, 손에 잡히지 않는 파랑새를 쫓듯 행복을 목적지로 두고 살아가면 결코 그것을 손에 넣을 수 없다. 행복은 목표가 아니라, 길을 찾는 데 필요한 내비게이션처럼 우리를 움직이고 살아가게 하는 수단이다. 가까운 사람들을 만나 별일 없는 대화를 주고받는 것, 점심 메뉴를 고민하고 맛있는 음식을 먹는 것, 따뜻한 집을 향해 퇴근길에 종종걸음을 치는 것, 이러한 순간순간이 모두 우리 삶의 행복이다. 생각을 조금 바꾸면 우리는 각자 매일 행복감을 느끼는 삶을 살아갈 수 있다.

행복은 어떠한 조건을 충족하거나 현재의 고단함을 참아야 얻어낼 수 있는 목표가 아니라 그저 우리 삶의 끝에 다다르기까지의 매일매일 과정 속에 있을 뿐이다. 맛있는 음식 자체가 아니라 무얼 먹을까 고민하는 시간, 좋아하는 이들과 밥을 먹으러 가는 그 길에 행복이 있다. 나의 매일을 이끄는 것은 '행복'이라는 당근이다. 그리고 그 근원에는 삶과 사람에 대한 사랑이 자리하고 있다.

메멘토 모리 Memento mori! 우리 삶이 유한하다는 걸 항상 기억하기 바란다. 사고를 당하거나 병에 걸리면 그마저도 줄어들어서 20년, 30년밖에 못 살 수도 있다. 욕심, 질투, 시기, 분노, 후회, 슬픔의 감정으로 낭비하기엔 주어진 시간이 많지 않다. 이 짧은 시간, 행복이라는 수단을 더 많이 활용해야 한다.

엘리자베스 여왕 1세는 죽기 전에 이런 말을 남겼다.

"딱 한순간만 소유했던 나의 모든 것들All my possessions for a moment of time."

우리가 지닌 이 몸조차도 딱 한순간만 소유할 뿐이다. 죽은 이들을 보다 보면 더욱 그런 생각이 든다. 내 몸조차도 잠시 소유할 수 있을 뿐인데 다른 것은 그에 비할 바가 아니다. 그렇다면 돈, 학벌, 명예, 외모… 그 무엇에도 그리 집착할 필요가 없지 않을까.

누군가 내 삶을 전지적 시점으로 본다면, 인간 세상이나 생로병사가 실은 아무것도 아닌 것처럼 보일 것이다. 나 자신과 내 삶, 나를 둘러싼 모든 것에 관대해질 수 있다. 우리가 죽는다는 것은 자명한 진리다. 다만 언제 죽을지를 알 수 없을 뿐. 불확실한 죽음의 달력 앞에서 우리는 무엇을 해야 할까? 내가 유일하게 할 수 있는 것은 '내가 중심이 되어 사는 것. 단 나를 둘러싼 것들에 관대할 것'이다. 사는 동안 내 삶의 주인은 다름 아닌 나 자신이어야 한다.

'황금률黃金律'이라는 말이 있다. 수많은 종교와 도덕, 철학에서 볼 수 있는 원칙의 하나로 '다른 사람이 해주었으면 하는 행위를 하라'는 윤리 원칙이다. 원래는 예수 그리스도의 '산상수훈山上垂訓' 중 하나로, 『신약성서』 「마태복음」 7장 12절에 나오는 "그러므로 무엇이든지 남에게 대접을 받고자 하는 대로 너희도 남을 대접하라. 이것이 율법이요, 선지자니라", 그리고 「누가복음」 6장 31절 "남에게 대접을 받고자 하는 대로 너희도 남을 대접하라"라는 예수의 가르침을 말한다. 3세기 로마 황제 세베루스 알렉산데르가 이 문장을 금으로 써서 거실 벽에 붙인 데서 유래한 것으로 알려져 있다.

죽음을 마주할 때마다 '어떻게 살아야 하는가'라는 질문을 던지게 되지만 사실 답을 하기 어렵다. 단, 성인聖人들의 대답을 참고할 수는 있다. 그게 바로 황금률이다. 표현 방식은 조금씩 다르지만 근원은 같다. 사람에 대한 사랑이다.

공자에게 자로가 인생에 가장 중요한 것이 무엇이냐고 물었다. 공자는 "恕"(용서할 서)라고 말한다. 풀어보자면 '서로 같은 마음을 갖는다'는 의미다. 앞서 언급한 "남에게 대접을 받고자 하는 대로 너희도 남을 대접하라"라는 예수의 가르침과 일맥상통한다. "스스로 행하는 도덕적 판단이 보편적 입법의 준칙이 될 수 있도록 행동하라"라는 칸트의 말도 같은 맥락이다.

이들이 한 말은 모두 같은 시대를 살아가는 사람들끼리 서로 관계를 맺으면서 주고받는 마음에 관한 이야기다. 다른 말로 '인류애'나 '측은지심'이라고도 표현할 수 있을 것이다. 마침표를 향해 가는 삶의 유한성은 인간의 숙명이다. 안달복달해도 우리는 결국 죽게 되는 운명 공동체다. 그러니 끝을 알고 살아가는 우리 서로에게 측은지심을 가질 필요가 있지 않을까. 너무 욕심내지도 말고 너무 미워하지도 말고. 어차피 다 끝이 있으니 말이다.

그렇다면 유한한 삶 속에서 우리가 남길 수 있는 것은 무엇일까? 결국 사랑, 그리고 사랑했던 그 순간들이다. 인간은 사랑 없이는 아무것도 할 수 없다. 모든 것이 다 관계에서 나오고 우리는 그 관계 속에서 힘을 얻으며 살아가기 때문이다. 우리를 살아가게 하는 힘, 그것은 결국 사랑이다.

우리에게는 평온하게
죽을 권리가 있다

　유난히 하늘이 높고 파랗던 어느 가을날이었다. 차를 몰고 가는데 우연히 오래전에 사건이 일어났던 현장에 다다랐다. 부검했던 사건 대부분이 기억에 남아 있다 보니, 해당 장소를 지나칠 때면 문득 그 기억들이 떠오르곤 한다.

　'저기서 일어난 사건은 아직 해결 못 했지.'
　'그때 여기서 어린 학생이 죽었는데.'
　'새벽기도를 가시던 아주머니가 교통사고로 돌아가신 도로다. 그 사건이 있고 나서 횡단보도가 생겼구나.'

누군가 교통사고로 사망한 장소, 누군가 목을 매서 자살한 장소, 누군가 칼에 찔려서 죽은 장소, 그리고 사건 이후 달라진 풍경…. 누군가가 다치고 죽었던 장소들이 그렇게 나의 일상과 겹치고, 그때의 기억이 현재와 교차한다.

이런 이야기를 하면 사람들이 묻는다.
"일상 속에서 죽음의 장소들을 많이 보실 텐데, 무섭지는 않으세요?"
나의 대답은 한결같다.
"무섭지 않습니다. 왜 무서워야 하는지 모르겠습니다. 다만 안타까울 뿐이지요."

사람들은 자신의 죽음을 두려워하지만, 사실 '나의 죽음'이라는 말은 언어의 역설이다. 죽음은 나의 것이 될 수 없다. 그것이 내 것 되는 순간 나는 존재하지 않으며, 내가 존재하는 이상 죽음은 결코 내 것이 아니기 때문이다. 그래서 에픽테토스는 이렇게 말했다.

"우리들이 살아 있는 동안에는 죽음은 오지 않는다. 죽음이 왔을 때에는 우리는 이미 살아 있지 않다."

사람들은 죽음에 대한 막연한 두려움을 갖고 있다. 상실에 대한 두려움, 단절에 대한 두려움이다. 그래서 죽지 않으려 버티는 삶은 불안으로 가득하다. 인정하고 받아들이지 않으면, 그 불안은 점점 커지게 마련이다. 누구나 죽는다는 사실을 받아들일 때, 즉 죽음을 수용한 상태에서 삶을 다시 바라보면 죽음이 두렵지 않다. 해가 뜨면 일어나 학교에 가고 출근하듯이, 해가 지면 집으로 돌아가듯이. 때가 되면 태연히 삶을 끝내고 갈 뿐이다.

다만 가급적 처참하거나 비극적이지 않았으면 좋겠다. 그리고 죽음을 준비할 수 있는 시간이 허락되면 좋겠다. 급작스런 죽음, 비명횡사, 낯선 곳에서의 죽음…. 되도록 그런 죽음은 사라지면 좋겠다. 그러나 죽음 자체를 두려워할 필요는 없다. 그러면 살아 있는 동안의 삶이 너무 힘겹지 않을까.

그렇다면 우리는 죽음을 어떤 방식으로 맞으면 좋을까? "죽음을 의식하지 않고 부지불식간에 죽는 게 가장 좋다." 율리우스 카이사르가 남긴 말이다. 누군가에게 죽임을 당할 거라는 공포로 생을 낭비하지 않겠다는 뜻으로 해석된다. 공교롭게도 카이사르는 이 말을 남긴 다음 날 브루투스의 칼에 목숨을 잃었다. 기록에 따르면, 그것도 무려 23번이나 칼에 찔려 사망했다고 한다. 하물며 카이사르처럼 죽음의 위협 앞에 놓여 있지도 않은 우리가 죽음의 공포에 사로잡혀 살 필요는 없을 것이다.

의사가 "당신은 불치병에 걸리셨습니다"라고 하면 환자들은 어떤 반응을 보일까? 격하게 부정하거나 낙심에 빠질 것 같지만 꼭 그렇지만은 않다. 오히려 그 사실을 담담하게 받아들이는 분들이 적지 않다. 암이나 심각한 질병에 걸리고서 오히려 생을 더 열정적으로, 적극적으로 사는 분도 많다. 죽음에 사로잡혀 현재를 희생하지 않고 지금 이 순간을 즐기면서 자기답게 사는 것이다.

옛날에는 집에서 죽음을 맞는 일이 많았다. 자기가 가장 편안한 환경에서 가족들에 둘러싸여 임종했다. 하지만 요즘에는 그런 경우가 드물다. 대체로 병원에서 돌아가시는 분들이 많은데, 그 모습에서 외로움이 느껴진다. 문화가 바뀌어서 예전처럼 병원이 아닌 자기 집으로 돌아가 임종을 맞는 사례가 더 많아지면 좋겠다.

비슷한 맥락에서, 돌이킬 수 없는 죽음 앞에 놓인다면 적어도 어떤 죽음을 맞고 싶은지 정도는 스스로 선택할 수 있어야 한다. '나는 이렇게 죽음을 맞이하고 싶다'고 미리 준비하는 문화가 형성되어야 한다. 가족을 잃거나 가족과 떨어져 있어서 혼자이거나 혹은 독신으로 살다가 죽음을 맞는 이들에겐 특히 더 그렇다. 병원과 집 가운데 어디서 임종할지 선택하는 것도 당연히 여기에 포함된다. 호스피스 병원에서는 이런 시도들이 있는 것으로 안다. 이러한 문화가 더 확산되어야 한다.

우리 삶을 보자. 각자 경제활동에 정신이 없을뿐더러 자기 삶을 꾸려가느라 바쁘다. 가족이 심하게 아프거나 생이 얼마 남지 않았을 때 거기에만 매달려 돌볼 수 있는 사람은 드물다. 이럴 때는 제삼자의 도움이 필요해 병원에 입원시키는 것이 가장 흔한 방법이다. 그러다 보니 가족들이 마지막 임종을 보지 못하는 경우가 많다. 가족이 있지만 홀로 죽는 것이다.

누구에게도 미룰 수 없고, 타인이 대신해줄 수 없는 것이 죽음이다. 죽는 건 각자의 몫이지만 죽음을 준비하는 과정은 사회가 도와줄 수 있다. 그래서 나는 고령층이 되면 죽음에 대한 준비를 스스로 할 수 있도록 문화를 개선할 필요가 있다고 생각한다. 우리가 목표와 비전을 세워서 삶을 계획하듯이 죽음도 그렇게 잘 맞이해야 한다는 이야기다. 좋은 삶을 살아야 좋은 죽음이 오고, 평안한 죽음을 통해 좋은 삶이 완성된다. 죽음과 삶은 결코 별개의 문제가 아니기 때문이다.

특히 우리나라는 죽음에 대해 이야기하는 것을 금기시하는 문화가 강한 편이다. 이런 편견과 선입견이 죽음에 대한 준비를 가로막는다. 최근 논의 중인 안락사나 존엄사 등에 대해서도 우리나라는 정서적으로 유독 거부감이 심하다.

안락사로 번역되는 '유타나시아euthanasia'를 직역하면

'아름다운 죽음'을 뜻한다. 그러나 원래는 불치의 병에 걸리거나 여러 이유로 치료나 생명 유지가 무의미하다고 판단되는 생물에 대해 직간접적인 방법으로 고통 없이 죽음에 이르게 하는 인위적인 행위를 의미하는 말이다.

존엄사는 영어로 '웰다잉 well-dying'이라고 한다. 인간으로서 존엄성과 가치, 품위를 지키며 삶을 마무리하는 것을 의미한다. 잘 사는 것뿐만 아니라 잘 죽는 것도 중요하다는 역발상을 통해 나타난 새로운 흐름이다. 생의 마지막까지 사람답게 살다 가고 싶다는 새로운 인식이 생겨나면서 주목받은 개념이다. 무의미한 연명 치료를 중단한다는 기존의 관점에서 의미가 확산되어 최근에는 잘 죽기 위한 최종 목표로서 웰다잉이 제안되기도 했다.

잘 사는 웰빙도, 잘 죽는 웰다잉도 중요하지만, 나는 여기에 한 가지 더해 '웰빈 well-貧'을 이야기하고 싶다. '잘 비우는 삶'을 말한다. 삶을 길게 바라보면 내가 가진 어떤 것도 내 것이 아님을 알게 된다. 매일 들고 다니는 휴대폰도, 옷이며 신발도, 언젠가는 사라질 것들이다. 영원히 움켜쥘 수 있을 것만 같은 돈도, 자동차도, 집도, 죽는 순간에는 아무것도 아닌 한갓 사물에 불과하다. 그저 이 세상을 잠시 살아가는 동안 빌려 쓰는 것과 다를 바 없다. 영원한 내 것이란 없다. 그렇게 가벼운 마음으로 살아가자.

나는 개인적으로 존엄사를 지지하는 쪽이다. 갑작스런 사고를 당해 죽음 앞에 놓이면 여러 문제가 나타난다. 가족들이 부담해야 할 경제적 부담도 클뿐더러, 온 가족이 생계를 포기하고 환자에게만 매달려야 할 수도 있다. 그러다 보면 살아 있는 사람의 인생마저 부서지고 만다. 만일 도저히 회생 불가능하다면 연명을 중단하고 싶다고 스스로 의지를 밝힐 수 있고, 또 그 뜻대로 해줄 수 있어야 한다. "나는 이러이러한 처치를 원치 않는다." "신체 유지 장치 같은 불필요한 것은 달지 않겠다." 이런 식으로 구체적인 사항들을 생전에 미리 정리해두는 것이다. 의식을 잃거나 아픈 상태에서는 자신의 의지를 밝힐 수 없으니, 미리 준비를 해두는 것이다.

그런데 아직 우리 사회에서는 이런 부분이 적극적으로 활성화되어 있지 않다. 죽음을 터부시하는 문화가 뿌리 깊기 때문이다. 여기서 아이러니가 생긴다. 자기 죽음을 자기가 결정하지 못하고 다른 사람이 결정하는 아이러니 말이다. 미리 준비해두지 않았으니 환자의 마음을 알지 못하고, 다른 사람이 대신 결정해주게 된다. 내 일인데, 내 일이 아닌 게 되어버린다. 자기 주도적으로 삶을 이끌어가는 것이 중요하듯 죽음에서도 마찬가지다. 자기가 주인이 되어 죽음의 태도와 방식을 결정할 수 있어야 한다. 죽음을 맞는 태도와 방식 역시 살아가는 것만큼이나 중요하다.

이런 점들을 놓고 보면 오히려 말기 암 환자들이 생의 마무리를 더 잘 준비할 수 있다. 남아 있는 유한한 시간을 자각하며 죽음을 준비할 수 있기 때문이다. 그런데 말기 암 환자들도 대개는 암 투병을 하면서 병원 근처를 전전하다가 돌아가시는 분도 많다. 마지막까지 버티기 위해 항암 치료를 받다가 병원에서 죽음을 맞기도 한다. 안타까운 현실이다. 외국에서는 일정 기간이 되면 본인이 선택할 수 있도록 해준다. 고통을 줄여주는 마약성 진통제 처방을 받아서 여행을 떠나는 이들도 있다. 남은 인생을 최대한 행복하게 살다가 가는 것이다.

만일 내가 시한부 판정을 받는다면, 나는 불필요한 의료 행위를 중단하고 진통제 처방을 받고 싶다. 남아 있는 시간 동안 내가 하고 싶은 것을 하고, 만나고 싶은 사람을 만나고, 가고 싶은 곳에 가고 싶다. 남아 있는 시간을 병원에서 투병하며 흘려보내는 건 너무 아깝다는 생각이 든다. 며칠, 몇 달을 연장하기 위해 병마와 싸우는 고통스러운 투병을 하기보다는 좋은 사람들과 의미 있는 시간을 보내다가 마무리를 하고 싶다. 그러다 부지불식간에 찾아오는 죽음을 받아들이고 싶다.

물론 이러한 의견에 반대하는 사람도 있다. 그래서 이런 이야기들이 공론화되고 더 많은 사람이 관심을 가졌으면 좋겠다. 어떤 태도로 마지막을 맞느냐에 대해 더 성숙하고 자유로운 논의가 이루어져야 한다. 선택은 각자의 몫이지만 막연히 금기시하기보다는 진솔하게 이야기를 나눌 수 있을 때 더욱 성숙한 방향으로 나아갈 수 있기 때문이다. 그리고 이런 논의들은 결국 더 좋은 삶에 대한 고민으로 이어질 것이다.

사실 가족과 죽음에 관해 터놓고 이야기하기가 쉽지는 않다. "난 죽으면 화장해서 납골당에 묻지 말고 그냥 산에 뿌려줘." "혹시 내가 암에 걸리면 연명 치료하지 말고 그냥 보내줘." 부모와 자식 간에 이런 이야기를 꺼내는 것 자체가 마음이 불편하고 어렵다. 앞서도 말했듯 죽음에 대해서 금기시하는 문화가 저변에 깔려 있기 때문이다. 그럼에도 불편함을 딛고 그런 이야기를 해야 한다.

최근에는 유품정리사, 특수청소부 등 죽은 이의 집을 청소해주고, 그가 남긴 유품을 정리해주는 일을 하는 분들이 늘어났다. 그만큼 고독사가 많아졌다는 뜻이기도 하지만, 다른 측면으로도 생각해볼 수 있다. 이런 직업들이 생겨나고 이 일을 하는 사람들이 늘어나는 것을 보니, 죽음을 성숙하게 맞이하는 문화로 조금씩 변화하고 있다는 증거처럼 느껴진다.

언젠가 꽤 감명 깊게 보았던 〈스틸라이프〉라는 영화가 있다. 영화의 주인공 존 메이는 구청 직원으로, 고독사한 사람들의 유품을 정리해주고 추도문을 작성하며 죽은 사람의 마지막 장례를 치러주는 일을 한다. 그 과정에서 가족을 수소문해 장례식에 참석하도록 권유하는데, 대부분이 오래전에 연락이 끊긴 이들이다. 그러던 어느 날 메이는 사람들의 죽음을 빠른 시간에 효율적으로 처리하지 못한다는 이유로 권고사직을 당한다. 그리고 마지막으로 맡은 일이 바로 앞집에 사는 윌리엄 스토크의 사망 사건이었다.

메이는 스토크의 인생 흔적을 따라가며 그의 삶에 대해 새로운 것들을 알게 된다. 그가 사랑했던 여인들에 대한 이야기. 그가 전쟁에 나가 그 트라우마로 알코올 중독이 되었다는 것. 그 때문에 딸과도 의절한 채 지낸다는 것. 결국 노숙자로 떠돌다 외로이 홀로 죽었다는 것 등등. 스토크의 인생 행로를 따라 걷다 보니 그의 삶을 이해하게 되고, 자기도 모르는 사이 그의 친구가 되어버린다. 메이는 수소문해서 스토크의 가족과 친구를 찾아내어 장례식에 참석하도록 설득한다. 메이의 노력 덕분에 인연이 끊긴 많은 이들이 결국 스토크의 장례식에 참석해 그를 추모한다.

안타깝게도 메이는 스토크의 장례 준비를 모두 마쳤지

만, 정작 본인이 교통사고를 당해 죽고 만다. 홀로 고독하게 살아가던 그의 무덤가에는 단 한 명도 찾아오지 않지만 이내 놀라운 일이 벌어진다. 그가 장례를 치러준 사람들, 고독사한 영혼들이 그의 무덤을 찾아와 그를 추모해준다. 누군가의 평온한 마지막을 위해 최선을 다했던 사람. 미처 준비하지 못하고 떠난 이들을 위해 가족을 찾아주고, 생전의 그의 삶을 살펴주는 사람. 그는 다른 영혼들의 애도를 받으며 존엄하게 마지막을 보낼 가치가 있는 사람이었다. 나는 그가 맞은 죽음이 절대 외롭지 않았을 거라고 생각한다.

어떤 태도로 사느냐에 따라 죽음의 모습이 달라진다. 또 얼마나 좋은 죽음을 맞느냐에 따라 좋은 삶이 결정된다. 죽음에 대해 조금은 편안하게 이야기하는 문화, 고독한 이의 죽음을 함께 나누는 문화, 삶만큼이나 죽음도 우리 가까이에 있다는 걸 받아들이는 문화가 확산되면 좋겠다. 행복하게 사는 것 못지않게 죽음을 평온하게 받아들이는 것 역시 중요한 문제이기 때문이다.

아드리안 판 위트레흐트, 〈해골과 꽃다발이 있는 정물화〉, c.1642

Adriaen van Utrecht, Vanitas Still-Life with a Bouquet and a Skull, c. 1642, oil on canvas, 67x86cm, private collection.

인체가 아닌
인간을 보라

"의사는 진료실에 오는 환자가 아니라 오지 못하는 환자를 생각할 수 있어야 한다."

내가 자주 하는 말이다. 사실 이 말을 하다 보면 생각나는 의사가 있다. 바로 중국 한나라 말기에 '명의'로 손꼽히던 떠돌이 의사, 화타華佗다. 약물 처방뿐만 아니라 외과 수술에도 정통해 '최초의 외과 의사'라고 불리기도 하는 인물이다. 맥이나 안색으로 병을 진단하고 환자의 상태와 예후까지도 귀신같이 알아맞힐 정도로 능력이 뛰어났다고 전해진다.

누군가 화타에게 "네가 천하제일 명의냐?"라고 묻자 그는 이렇게 대답한다.

"아닙니다. 천하제일 명의는 큰형입니다. 그다음이 둘째 형, 제가 맨 마지막입니다."

"큰형은 그리 유명하지 않던데 명의가 맞느냐?"라고 다시 묻자 화타가 대답한다.

"큰형은 증상이 나타나기 전에 치료합니다. 그래서 사람들은 자신이 병에 걸렸는지조차 모르지요. 둘째 형은 증상이 나타나면 바로 치료합니다. 그래서 사람들은 자신이 중병인 줄 모르고 지나갑니다. 저는 중병만 치료합니다. 그래서 사람들은 제가 가장 실력 있는 의사라고 아는 것이지요."

앞서 말한 "의사는 진료실에 오는 환자가 아니라 오지 못하는 환자를 생각할 수 있어야 한다"라는 말과 일맥상통하는 이야기다. 이미 병이 깊어져서 온 사람보다 병이 심해지기 전에 미리 진단해야 하며, 그것을 예방할 수 있으면 더 좋다는 것이다.

'일구이족삼약사기一口二足三藥四技'라는 말이 있다. 훌륭한 의사의 조건을 제시한 말이다. 첫 번째 조건은 '일구一口'이다. 환자와 대화를 많이 해야 함을 의미한다. 어떠한 말과 태도로 환자에게 설명해줄 것이며, 또 환자의 말을 듣고 위로해줄 수 있어야 한다는 것이다. 누군가 아픈 이의 말을 들어준다면 절반 이상은 낫는다는 말도 있지 않은가. 환자의 고충을 잘 들어주는 것만으로도 치유 효과가 있음을 내포한다. 두 번째 조건 '이족二足'은 부지런함을 말한다. 열심히 발로 뛰고, 환자가 있는 곳이라면 먼 거리도 마다하지 않고 가는 게 명의다. 의술의 신으로 추앙받는 아스클레피오스가 뱀이 휘감긴 지팡이를 들고 있는 것도 같은 맥락이다. 아스클레피오스의 지팡이는 환자가 있는 곳이라면 지팡이를 들고 어디든 마다하지 않고 가겠다는 '편력遍歷'의 상징이다. 그만큼 부지런히 다니라는 뜻이다. 세 번째 '삼약三藥'은 증상에 맞는 좋은 약을 쓰는 것이고, 네 번째 '사기四技'는 최신 기술을 쓴다는 것이다.

정리하면 명의에게 중요한 것은 환자와 많은 대화를 나누는 것이며, 약과 의술은 그다음 순서라는 것이다. 암 덩어리를 도려내고 좋은 약을 처방하는 것이 의사에게 주어진 역할의 전부가 아니다. 의사는 인간의 마지막 결정을 돕는 사람이 되어야 한다. 그만큼 이해와 공감, 배려심이 필요하며 폭넓은 사고를 할 수 있어야 한다. 기술이 아니라 영혼과 영혼이 맞닿는 치료를 해야 한다는 뜻이다. 그러하기에 의사는 더 많은 영혼을 경험해야 한다.

의사는 영혼을 어루만져주는 사람이 되어야 한다. 사실 환자를 온전히 이해하고 환자에게 공감하기 위해서는 직접 병에 걸려 아파보는 것이 최고다. 그러나 현실적으로 그럴 수 없는 노릇이니 그에 준할 만큼 많은 경험이 필요하다. 그래야 다른 이의 영혼을 어루만지는 단계까지 갈 수 있다. 유일하게 인간만이 할 수 있는 것이 공감이고 배려라는 걸 기억해야 한다. 그만큼 소중하고 값진 자산이다.

대개 대형병원에 가보면 연세 드신 분들, 특히 병원에서 멀리 사는 분들이 진료받으러 제일 먼저 와 있곤 한다. 의사 한 번 만나려고 새벽같이 버스를 타고 와서는 아침 7시부터 외래 진료를 기다린다. 그렇게 먼 길을 와서 두세 시간을 기다리다 의사를 만나지만 막상 면담 시간은 너무 짧다. CT 촬영본을 보고 한두 마디 던지는 것으로 끝날 때가 다반사다. 자세한 설명을 요구하거나 궁금한 걸 채 물어보지도 못한 채 다음 환자에게 밀려난다.

그래서 나는 의사들에게 부탁한다. "오래 기다리셨죠? 어서 들어가시게요." 이 한마디를 하면서 첫 번째 환자의 손을 잡고 들어가는 의사가 되어달라고 말이다. 그 모습을 바라보는 나머지 환자들이 느낄 따뜻한 마음이 얼마나 크겠는가. 똑같은 진단을 받고, 똑같은 치료를 받아도 마음이 어루만져진다는 느낌이 들면 치료 효과가 다르다. 시간이 많이 드는 일도 아니고 결코 어려운 일도 아니니 더 많은 의사가 그리하면 좋겠다.

약제의 효과를 판정하는 데 사용하는 방법으로 이중 맹검법이란 것이 있다. 원래 있던 약(구약)이 있고, 새로 나온 약(신약)이 있다. 환자가 이걸 구분하지 못하도록 해서 투약한 뒤 약제의 효과를 확인하는 것이다. 약제에 대해 환자가 갖고 있던 선입견, 즉 플라세보 효과 placebo effect(위약 효과)가

작용하지 못하도록 하는 일종의 블라인드 테스트다. 사람이 먹은 마음에 따라 실제로 약의 효과가 달라지기도 하기에 이를 사전에 방지하는 것이다.

'플라세보placebo'라는 말은 '기쁘게 하다'라는 뜻의 라틴어 '플라케레placere'에서 유래했다. 따라서 플라세보 효과는 환자의 마음가짐이 의료적 효능에 영향을 미칠 수 있다는 말이다. 반면 플라세보 효과에는 어두운 면도 존재하는데, 이걸 노세보 효과nocebo effect라고 한다. 환자가 어떤 약에 대한 부정적인 믿음을 가지게 되면 실제로 부정적인 결과가 나타나는 현상을 말한다. 생각이 실재하는 결과를 만들어낼 수 있다는 것이다.

휘발유 차에 몰래 경유를 넣으면 절대 차가 갈 수 없다. 그런데 사람은 다르다. 휘발유 차에 경유를 넣어도 갈 수 있는 게 사람의 마음, 바로 마음의 힘이다. 자신의 믿음에 따라 효과가 달라지는 것, 그것이 바로 플라세보다. 약의 효과를 판별하기 위해 플라세보, 즉 위약 효과를 걷어내는 작업을 한다는 건 역으로 위약 효과가 상당히 크게 작용한다는 뜻이다.

그러니 의사의 말 한마디, 공감과 배려가 얼마나 큰 힘이 되겠는가. 같은 약을 처방하고 같은 치료를 해도 의사가 따뜻하게 보듬어주는 말을 하면, 환자는 그만큼 마음의 위안을 받고 힘을 얻는다. 마음에 강력한 신뢰의 씨앗이 뿌려지면 치료 효과가 좋아지는 것은 당연하다.

하루 동안 진료해야 하는 환자의 수가 많은 건 사실이다. 하지만 우리는 그런 환경인 줄 알고 의사가 됐다. 그러니 그건 핑곗거리가 되지 않는다. 결국 중요한 건 마음의 자세다. 비관주의자는 기회를 만나도 안 될 이유를 찾아내고, 낙관주의자는 곤경에 빠져도 거기서 기회를 찾아낸다. 자기 업을 대할 때 스스로 낙관하고 기회를 찾아내는 사람은 분명 남들과는 다른 태도로 일할 것이다. 사람의 생명을 다루는 의사라면 더욱 그래야 한다.

직업을 가리키는 말 중에 '사' 자로 끝나는 것이 많다. 의사, 변호사, 검사, 판사…. 변호사는 '선비 사士' 자를 쓴다.

공부하는 사람이라는 의미다. 검사와 판사는 '일 사事' 자를 쓴다. 국가의 사무처로 일을 하는 사람이라는 뜻이다. 반면 의사는 '스승 사師' 자를 쓴다. 간호사, 미용사 등도 스승 사를 쓴다. 가르치는 사람이라는 뜻이다. 혼자서 책을 붙들고 이론만 공부해서는 안 되고, 스승으로부터 직접 배우며 실기를 익혀야 온전히 그 일을 맡아 해낼 수 있는 직업이라는 의미일 것이다. 스승으로부터 배우고, 자신도 스승이 되어 가르쳐야 한다.

하지만 질병을 진단하는 일은 '가르치는' 일보다는 '알려주는' 일에 가깝다. 그래서 한 사람을 '인체'로만 볼 것이 아니라 '인간'으로 보는 게 중요하다. 인체의 구조, 인체 반응과 병태생리 같은 인체에 대한 배움에서 시작하더라도 마지막에는 인간을 알아야 한다. 인간을 배우지 못하고 인체만 배우다 보면 진료 현장에서 환자들을 맞았을 때 미숙할 수밖에 없다.

병을 진단하고 치료하는 것은 아주 기본적인 일이다. 의사는 거기서 한발 더 나아가야 한다. 정보를 전달하는 차원이 아니라 환자의 마음과 상황을 헤아려줄 수 있어야 한다. 앞서 말했듯 따뜻한 말과 부지런한 행동이 중요한 것이다. 그런데 여기서 더 나아가야 한다. 사람은 물체가 아니기 때문에 자신이 살아가는 시대적 상황과 유기적 관계를 맺는다. 그래서 "당신이 여기까지 온 것은 당신의 문제가 아닙니다. 당신이 속했던 환경의 문제이고 관계의 문제이고 사회 집단의 문제입니다"라는 걸 알려줄 수 있어야 한다. 마치 그림 하나를 놓고 관련된 전반적인 설명을 해주는 도슨트처럼. '가르치다'의 의미를 계속 되새겨야 한다.

의사를 찾아온 사람들은 몸이든 마음이든 각자의 어려움이 있어서 온 사람들이다. 그러니 그 마음을 먼저 헤아려야 한다. 공감, 즉 엠퍼시empathy가 필요한 것이다. '공감'의 의미를 가장 잘 나타내는 영어 표현으로 "다른 사람의 신발을 신고 걸어보라Put yourself in someone's shoes"라는 말이 있다. 공감과 신발이 무슨 관계가 있을까 싶지만, 플루타르코스가 쓴 글 모음의 한 대목에서 그 기원을 발견할 수 있다.

내용을 살펴보면 이렇다. 어떤 남자가, 자기 친구는 결혼을 참 잘했다고 생각했다. 신부가 아름다울뿐더러 가문도 좋고 지참금도 많이 갖고 왔다. 게다가 성격도 좋고 아이들도 잘 키운다. 그런데 그 친구가 부인과 이혼하겠다는 것이다. 이게 웬 말도 안 되는 소리인가 싶어 남자는 "자네 지금 복을 발로 차는 거야"라고 했다. 그랬더니 친구가 신발을 벗고는 이렇게 말한다.

"이 신발은 새것이고 가죽도 좋네. 디자인도 예쁘고 마감도 잘되어 있어서 아주 튼튼하지. 하지만 막상 신으면 걸을 때마다 발이 아파. 그래서 나는 벗고 싶네."

겉으로 좋아 보이는 신발도 막상 신으면 발이 아플 수 있듯이 세상 모든 일이 직접 경험해보지 않고는 모르는 것이다. 하물며 다른 이의 고통을 겉으로 봐서는 제대로 이해하기 어렵다. 직접 신발을 신어보듯이, 타인의 감정과 고통에 최대한 자신을 이입하면서 공감해보는 연습이 필요하다. 이에 플라톤은 『국가』에서 의사는 영혼으로 아픈 환자를 보아야 하기 때문에 많은 경험을 할수록 좋다고 말하기도 했다.

"유능한 의사가 되려면 어릴 때부터 의술을 익혀야 할 뿐 아니라 심각한 환자도 많이 접해야 하고, 스스로도 병약한 체질로 태어나 온갖 병에 걸려봐야 하네. 의사는 자기 몸으로 남의 몸을 치료하는 게 아니거든. 만약 그렇다면 의사의 몸 상태가 나쁘거나 나빠지는 것을 용납해서는 안 되겠지. 하지만 치료란 혼으로 하는 것이어서 의사는 혼이 병들면 안 되네. 그러면 환자를 치료할 수 없게 되네."

환자를 질병의 관점에서만 바라보는 것이 아니라 사람 그 자체로서 이해하려는 노력이 필요하다. 그런 의미에서 인문학이 중요하다. 나는 사실 인문학에 학문을 뜻하는 '학學' 자를 붙이는 걸 싫어한다. 공부하고 연구해야 하는 어려운 대상처럼 느껴지기 때문이다. '인문'은 공부해야 하는 게 아니고 느끼는 것이다. 사람들 사이의 공기 같은 것이다. 사람들이 서로 관계 맺고 살아가는 것 자체가 인문이다.

의사들이 인문학 공부를 많이 했으면 좋겠다. 나는 책 읽는 걸 좋아하기도 했지만, 법의학을 하면서 더 많이 읽게 되었다. 또 법의학 자체가 고독한 일이기도 하고, 광주 국과수가 한적한 시골에 뚝 떨어져 있는 데다 부검도 그리 많지 않아 시간 날 때마다 이 책 저 책 탐독하며 인문적 소양을 넓혔다. 그 덕분에 지금은 의대에서 학생들에게 법의학뿐만 아니라 인문학까지 가르치고 있다. 의학에 더해 다른 학문을 전공한 사람이 나밖에 없어서 내가 수업을 맡게 된 것이다. 나는 수업을 들으러 온 학생들에게 이렇게 말한다.

"의과대학에서 이런 강의를 듣는 게 생소할 겁니다. 그러나 의사는 단순히 질병만을 치료하는 사람이 아니라 그 시대가 겪고 있는 아픔과 고통을 해결하기 위해 노력하는 사람입니다. 어떻게 보면 소크라테스나 플라톤도 의사의 역할을 했다고 볼 수 있습니다."

어떤 것을 공부한다는 것은 나와 그 세계를 분리해서, 곧 대상화시켜 생각한다는 것이다. 하지만 우리는 이미 이 사회 속에서 살아가고 있지 않은가. 그러니 공부한다는 마음으로 접근하기보다는 관심 어린 시선으로 먼저 공감하려고 노력하면 좋겠다. 내 주변에서 일어나는 일들에 안테나를 세우고, 현상과 이면을 읽어내는 안목과 인사이트가 필요하다.

예를 들면, 불법체류자들을 생각해볼 수 있다. 우리나라에서는 외국인 노동자가 사망하면 조사하는 데 어려움이 있다. 고인이 평소 어땠는지 경찰이 조사를 해야 사망 원인을 더 자세히 알 수 있는데, 사망자의 주변인들이 다 사라져버린다. 불법체류자 단속의 대상이 될까 봐 겁을 먹고는 임금도 정산받지 못한 채 부랴부랴 한국을 떠나버리는 것이다. 사망한 노동자도, 임금도 포기하고 떠나버린 노동자도 모두 피해자가 된다.

그래서 나는 법의학자로서 불법체류자에 대해 공부해야 한다고 생각한다. 우리 사회는 죽음 앞에서조차 인종과 국적을 중요시하고 구분한다. 하나의 사건을 처리하는 데서 끝낼 일이 아니다. 이런 비인간적인 시스템과 문화를 개선하기 위해서는 법의학자도 사회 문제를 공부하고, 목소리를 낼 수 있어야 한다. 나와 타인, 나와 사회를 분리하고 대상화하는 공부가 아니라 함께 어우러져 살아가기 위한 공부가 필요하다.

의사로서 진료실에 오는 환자, 내 앞에 와 있는 환자만을 생각하기 쉽다. 그러나 진료실에 오지 않는 환자, 오지 못한 환자들에 대해서도 생각할 수 있어야 한다. 잘 살아갈 수 있는 사람이 잘못된 시스템과 구조 때문에 희생양이 되지 않도록 예방하는 일에도 신경을 써야 한다. 의사가 인체가 아닌 인간을 먼저 생각해야 하는 이유다.

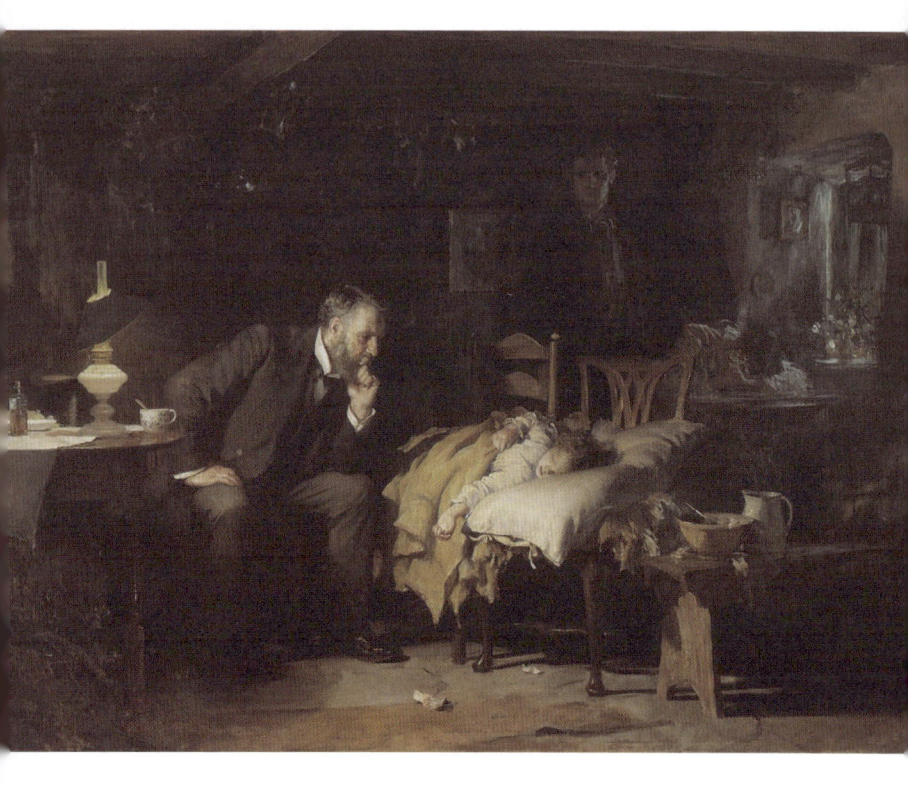

루크 필즈, 〈의사〉, 1891

Luke Fildes, The Doctor, 1891, oil on canvas, 166×242cm, Tate Gallery, London.

나의 죽음, 너의 죽음, 우리의 죽음

썩은 사과라는 건 뭘까? 어느 정도 썩어야 썩은 사과라고 할 수 있을까? 90퍼센트는 멀쩡한데 10퍼센트만 썩었다면 그것은 썩은 사과일까 아닐까? 가끔 썩은 사과도 억울할 거라는 생각을 한다. '조금 상했을 뿐이고 성한 부분이 많은데 왜 나는 썩은 사과로 불리는 것인가?'라며 억울해하지 않을까? 그리고 또 궁금한 것이 있다. 사과는 왜 상자 속에서 썩게 된 것일까? 애초에 태생부터 잘못돼서? 아니다. 그 사과를 썩게 만든 환경은 분명 따로 있다.

깨진 물통이 있다. 물통 옆면의 한 지점이 깨져 있다. 이 물통에 담을 수 있는 물의 최대 높이는 무엇에 의해 결정될까? 물통의 중간에 깨진 곳이 있으면, 물통 자체가 아무리 높고 깊어도 물을 끝까지 채울 수 없다. 우리 사회도 마찬가지다. 아무리 많은 물을 부어도 깨진 곳의 위치를 넘어 물이 채워질 수 없듯이 가장 약한 부분이 우리 사회의 높이를 결정한다.

이는 독일의 화학자 리비히J. von Liebig가 제시한 '최소율의 법칙'과도 통한다. 리비히에 따르면 "식물의 성장을 좌우하는 것은 넘치는 요소가 아니라 가장 모자라는 요소"라고 한다. 식물이 성장하는 데는 탄소, 산소, 수소, 질소, 인산, 유황, 칼륨, 칼슘, 마그네슘, 철 이렇게 꼭 필요한 10가지 영양소가 있다. 이 중 9가지 영양소가 필요량의 100배, 1,000배가 된다 해도 나머지 하나의 영양소가 부족하면 결국 그 식물은 제대로 성장하지 못한다는 것이다.

이와 마찬가지로 우리 역시 사회의 현주소를 살피려면 가장 낮은 곳을 봐야 한다. 지금 우리는 어떤가? 출근길에 농성 중인 장애인들을 보면서 그들이 우리 일상을 방해하고 민폐를 끼친다며 불만을 토로한다. 자기들 이익을 위해 타인을 고통받게 하는 이기적인 행동으로 손쉽게 치부해버린다. 그들은 정말 우리를 불편하게 하는 존재일까?

그렇지 않다. 놀랍게도 우리가 사는 세상은 그들의 필요에 맞추면서 더 편해졌다. 그들의 필요 덕분에 지하철에 에스컬레이터가 생겼고, 엘리베이터가 만들어졌으며, 버스 바닥이 높이를 낮췄고, 좌석 간격도 더 넓어졌다. 온갖 비난을 들으며 힘든 투쟁을 한 것은 장애인들이었지만, 결과적으로 달콤한 수혜를 맛본 것은 그들을 비난하던 사람들이었다. 그들 때문에 손해를 본다고 생각하지만, 결과적으로 득을 보고 있었던 셈이다. 이런데도 그들이 우리의 것을 뺏어 간다는 생각이 옳은지 묻고 싶다.

우리 사회에서는 '효율성'이 대단한 무기가 된다. 정규 분포도를 보면 중앙에 많은 숫자가 몰려 있다. 사람들은 다수를 점하고 있다는 이유로 그것을 '정상'이라고 생각한다. 그리고 공리주의에 근거해 다수의 힘을 무기로 목소리를 내고 많은 혜택을 차지한다. 왜냐하면 다수를 점한 집단이 경제적 효율성에서 가장 우선시되는 집단이기 때문이다.

반면 표준분포에서 양끝을 차지하는 소수의 사람들, 경제적 효율성이 떨어지는 소수자나 약자는 모든 부분에서 소외된다. 결국 그들에게는 사회적 혜택이 거의 돌아가지 않으며, 암묵적으로 희생을 강요받는다.

물통은 구멍이 난 부분 이상으로 물을 채울 수 없고, 목걸이가 끊어질 때도 가장 약한 고리가 먼저 끊어진다. 우리 사회 역시 가장 약한 부분에서 무너지기 시작한다. 그래서 자연재해든 인재든 언제나 가난한 이들, 사회에서 소외받은 이들이 가장 큰 희생자가 된다. 그리고 그렇게 시작된 희생과 비극은 결국 사회 전체로 번진다. 이것이 우리가 불편을 감수하고, 가장 약한 곳에서 출발해야 하는 이유다.

소설 『대지』를 쓴 펄 벅 여사가 1960년에 한국을 방문한 일이 있다. 그녀는 한국에 와서 인상 깊은 두 가지 일을 경험한다.

어느 날 해가 질 무렵 경주 시골길을 지나던 펄 벅 여사는 이해하기 힘든 장면을 목격한다. 나이 든 농부가 소달구지에 짚단을 싣고, 자기 지게에도 짚단을 잔뜩 진 채 걸어가는 모습이었다. 이 광경을 눈여겨본 펄 벅 여사는 의아해하며 물었다. "짚단을 모두 소달구지에 싣고 농부도 함께 타고 가면 좋으련만 왜 힘들게 걸어가는 건가요?" 그러자 농부는 이렇게 말했다. "어떻게 그렇게 하겠어요. 이 녀석도 온종일 힘들게 일했으니 짐도 나눠서 지고 가야지요." 농부의 대답에 펄 벅 여사는 감탄을 금치 못했다. 그러곤 "저는 저 장면 하나로 한국에서 보고 싶었던 것을 이미 다 보았습니다"라고 말했다.

다른 하나는 감나무 이야기다. 펄 벅 여사가 감나무에 감 하나가 매달린 것을 보고 "저 높은 가지에 달려 있는 감은 따기 힘들어서 그냥 둔 것인가요?"라고 물었다. 동행했던 한국인이 "아닙니다. 까치밥이라고 하는데, 겨울새들을 위해 남겨둔 것이죠. 아침마다 까치가 찾아와서 반가운 소식을 전해준답니다"라고 답했다. 그녀는 이 두 이야기를 접하고 다시금 한국인들의 특별한 아름다움에 반했다고 한다.

이는 그 당시 우리네 농촌에서는 흔하게 볼 수 있는 모습이었지만, 그녀에게는 특별한 감동으로 다가갔던 모양이다. 펄 벅 여사는 고국에 돌아가서도 세상에서 그가 본 가장 아름다운 풍경이었다며 이 이야기를 전했다. 그리고 펄 벅은 1963년에 한국의 구한말부터 해방까지를 배경으로 하는 『살아 있는 갈대』라는 소설을 발표했다. 책의 첫머리는 "한국은 고상한 사람들이 사는 보석 같은 나라"라는 문장으로 시작되었다. 이를 계기로 펄 벅은 1968년 한국명 '박진주'라는 이름과 함께 명예서울시민상을 받았다.

우리 사회는 새들을 위해 감나무의 감을 다 따지 않고 남겨두는 사회였다. 힘들게 일한 소를 위해 걷기를 택한 농부의 마음이 있던 사회였다. 우리는 이런 여유와 공감, 연대의식을 갖고 있었던 나라다. 그리고 분명 우리 안에는 아직도 그런 것들이 숨 쉬고 있다.

죽음에는 세 종류가 있다. '나의 죽음, 너의 죽음, 그들의 죽음'이다. 나의 죽음은 경험할 수 없다. 너의 죽음은 가족과 사랑하는 사람의 죽음이라 상실과 애도가 있다. 그들의 죽음은 나하고 상관없는 죽음이다. 하지만 조금 생각을 바꿔서 '나의 죽음, 너의 죽음, 우리의 죽음'이 있다고 생각했으면 좋겠다. 그들의 죽음이 아닌 우리의 죽음. 그들로 대상화하는 게 아니라 우리로 포용하는 것이다.

지금은 폐교된 서남대학교 의대 교수이자 조류 생물학자인 김성호 교수님이 쓴 『큰오색딱따구리의 육아일기』라는 책을 무척 감명 깊게 읽었다. 어느 날 교수님은 딱따구리 부부가 집 꾸리는 걸 보게 되었고, 매일 사진을 찍어 50일간 관찰 기록을 남겼다. 그리고 그 글을 모아 책으로 펴냈다. 이 책을 읽으면서 새들의 삶에 대해 알 수 있었고, 함께하는 삶이란 무엇인지 많은 생각을 하게 되었다.

글을 참 잘 쓰시는 분이라 한 자 한 자 읽어내려 가는데 그렇게 좋을 수가 없었다. 그러다 그 책에서 다음의 문장을 만났다.

나뭇잎은 바람에 흩날려도 서로 간에 상처를 주지 않는다.

이 문장에 담긴 자연의 섭리, 그 섭리를 찾아낸 교수님의 혜안이 좋아서 몇 번을 곱씹어 읽으며 되뇌곤 했다.

그런데 교수님께서 몸담았던 서남대가 안타깝게도 폐교되면서 20~30명 학생들이 전북대로 편입되는 일이 있었다. 그 과정에서 성적 산출을 비롯한 여러 가지 문제들이 발생하며 갈등이 커졌고, 편입에 대한 반대도 심해졌다. 그러다 보니 기존 학생과 편입생 사이가 좋지 않았다. 이런 갈등이 신경 쓰이던 어느 날 마침 내게 4학년생을 대상으로 한 특강 제의가 왔다. 나보다 더 맞춤인 분이 있지 않을까 생각하다가 서남대에 계셨던 김성호 교수님이 떠올라 전화를 드렸다.

"교수님, 지금 학생들 분위기가 썩 좋지 않아 마음이 안타깝습니다. 혹시 저희 학교에 오셔서 강의 좀 해주시면 어떨까요? 교수님 품을 떠난 새들이 여기 와서 어떻게 둥지를 트는지 보셨으면 좋겠습니다."

교수님께서는 흔쾌히 수락해주었다. 그날 교수님 강의

를 듣고는 기존 학생들과의 갈등으로 속상해 있던 친구들이 울먹이던 게 기억난다. 나와 너가 아니라 우리라는 이름으로 살아가는 삶의 의미를 다시금 일깨워준 강의였기 때문이다. 그날 교수님이 학생들에게 남긴 말이 바로 이것이었다.

"나뭇잎은 바람에 흩날려도 서로 간에 상처를 주지 않는다."

너무 늦게 배달된
편지

우리나라에서는 법의학자가 되기 위해서는 먼저 병리학 전문의 자격증을 따야 한다. 나 역시 법의학자가 되기 위해 병리학을 공부했는데, 내게 병리학을 가르쳐주신 분은 우리나라 병리학의 원로이신 김상호 교수님이셨다. 원칙주의자이신 데다 특히 배움에 있어서 무척 엄격하신 분이라 대부분의 학생들은 다들 교수님을 어려워했다. 학회가 열리는 날엔, 교수님이 학회장에 입장하시면 사람들이 일제히 자리에서 일어나 뒤로 물러서서 길을 텄다. 교수님이 어렵기는 나 역시 마찬가지였다. 지방대 출신이면 남들보다 더 열심히 공부해야 한다는 야단도 자주 하셨고, 교수님 앞에서 발표를 할 때면 말 한 마디도 그냥 넘기는 법 없이 깐깐하게 지적하시는 일이 다반사였다.

병리학 공부를 시작하고 1년 차가 되면 매일 아침 컨퍼런스에 참석해 발표를 해야 한다. 교수님이 워낙 시계처럼 사시는 분이라 언제나 7시 반이면 연구실에 도착을 하셨기에 나는 그보다 30분 일찍 일어나 준비를 해야 했다. 일단 창문부터 열어 환기를 시킨 다음, 겨울에는 석유난로를 피운 뒤 물을 데워 얼어 있는 화장실을 녹이곤 했으며, 여름에는 미리 에어컨을 켜놓고 시원하게 해둔 뒤 교수님을 맞았다. 교수님이 시켜서가 아니라 존경하는 마음에 나도 모르게 저절로 몸이 움직였다.

교수님은 컨퍼런스 자리에 항상 손전등을 갖고 들어오셨는데, 누군가가 발표 중 실수를 하거나 틀리면 즉시 손전등을 켜고 잘못된 부분을 기록하셨다. 컨퍼런스가 끝나고 발표자에게 잘못된 부분을 알려주기 위한 용도였다. 나 역시 발표를 하다 보면 어김없이 손전등이 켜지고, 또 지적을 받겠구나 하는 생각에 마음을 졸이게 되었다. 그런 날이면 어김없이 교수님께 불려가 호되게 지적을 받았다. 교수님의 지적 사항은 학술적인 부분 외에도 발표할 때의 말버릇부터 자세나 태도에 이르기까지 전방위적이었다. 한번은 발표 중 "드라마틱한"이라는 말을 썼다가 지적을 받았다.

"이 군은 말이야, 단어 사용이 적절치가 않네. '드라마틱한'이라는 말이 어디 있나? 그 단어는 형용사잖은가. '마치 드라마와 같은' 혹은 '드라마 같은'이라고 해야 바른 표현일세."

전달하는 내용과 어조, 사용하는 단어, 말하는 속도와 발음까지…. 발표 자리에서 눈에 거슬리는 점이 있으면 여지없이 매서운 비판이 날아왔다. 물론 내게 모욕을 주거나 야단을 칠 목적으로 그러시는 게 아님을 잘 알고 있었다. 매사에 워낙 정확한 분이시기에 잘못된 것을 바로잡아주려고 세세하게 교정해주신 것이다. 하지만 나를 위해 그러신다는 걸 알면서도 매일같이 지적이 끊이지 않으니 적잖이 스트레스를 받은 것도 사실이다. 주변에서도 "너는 어째 맨날 혼이

나냐?"라며 놀릴 정도였으니 말이다.

그러던 중 춘계 법의학 학술대회가 열렸을 때였다. 김상호 교수님 밑에서 병리학을 공부하고 있었으니 병리 학술대회에는 당연히 참석했지만, 궁극적인 목표가 법의학이었던 까닭에 다른 날에 열리는 법의학회에 너무나도 가보고 싶었다. 그렇지만 제일 막내인 전공의 1년차가 학회 참석 때문에 업무에서 빠지면 선배들이 나의 일까지 대신해야 하기 때문에 어떻게 말씀을 드려야 할지 망설여졌다. 고민고민 끝에 선배들과 지도 교수님들께 조심스럽게 말씀드려 허락을 받고 나의 첫 법의학회를 다녀오게 되었다. 제일 막내인 1년차의 학회 참석이 중요한 보고 사항도 아니라고 생각했기에 김상호 교수님께는 말씀을 드리지 않았다.

그렇게 해서 내 인생 첫 법의학회가 열렸던 고려대학교를 찾아가게 되었다. 그곳에서 대한민국 최초의 법의학자이신 문국진 교수님을 뵐 수 있었는데, 처음 배운 법의학 교과서(『최신 법의학』)뿐만 아니라 내가 법의학자를 꿈꾸며 읽었던 모든 책의 저자였기에 먼 발치에서나마 문 교수님을 뵙는 것만으로도 내게는 값진 경험의 자리였다. 하지만 기쁨과 설렘도 거기까지였다. 돌아와 보니 김상호 교수님께서 나를 찾으신다고 했다. 떨리는 마음으로 교수님을 찾았더니 아니나 다를까 불호령이 떨어졌다.

"자네, 어딜 가면 간다고 어른한테 말을 하고 가야지. 그렇게 말도 없이 다니는가!"

교수님께 행선지를 사전에 알리고 가야 한다는 걸 그땐 몰랐다. 그렇다 해도 이토록 야단을 맞을 일인가 싶었다. 놀러 간 것도 아니고 학회에 다녀오지 않았나. 그리고 선배들에게서도 그런 주의를 들은 적이 없었다. 나도 모르게 마음속으로 삐죽대고 있었다.

그 후로도 발표할 때마다 교수님의 지적은 계속되었다.

"이 군, 자네는 말이 너무 빨라. 항상 사람을 보면서 천천히 이야기하고, 정확한 단어를 쓰도록 해."

호된 가르침 덕분일까. 지적받은 것들을 염두에 두면서 고치려 노력하고, 반복 연습을 하다 보니 발표하는 기술이 점점 좋아지는 걸 스스로 느낄 정도였다. 당시에는 힘들었지만, 그 덕분에 지금도 말을 할 때면 정확한 단어를 선택하고 명료하게 전달하려 노력한다. 어느새 교수님의 지적 사항들이 습관으로 몸에 배었다. 그리고 어떤 자리에서도 나의 속도에 맞춰 여유를 갖고 정확하게 말할 수 있게 되었다.

그리고 세월이 흘러 나는 목표한 법의학자의 길을 걷게 되었고, 김상호 교수님은 전북대에서 정년을 맞이하고 은퇴하시게 되었다. 전처럼 자주 찾아뵙지 못하고 정신 없이 살아가던 어느 날, 김상호 교수님이 소천하셨다는 소식을 들었다. 그때까지만 해도 나는 교수님의 진심에 대해 정확히 알지는 못하고 있었다. 그로부터 한참의 시간이 흐른 뒤, 나는 수십 년 만에 상상도 못한 자리에서 교수님의 이야기를 듣게 되었다. 지금까지도 그날을 떠올리면 가슴이 먹먹해진다.

2014년 즈음이었다. 법의학회에서 '새로운 법의학의 분야'라는 주제로 발표하는 자리가 있었는데, 나는 '임상법의학'이라는 이름으로 내 경험을 바탕으로 한 우리의 미래라는 주제를 발표했다. 법의학자가 되어 부검대에 오른 이들의 죽음을 회고하다 보니, 나는 우리가 조금만 더 신경 썼다면 막을 수 있는 죽음이 많다는 사실을 알게 되었다. 그렇다면 죽음에 이르는 그 많은 과정 중에서 적어도 어느 한 군데만이라도 안전장치를 추가한다면 다른 많은 사람들이 같은 이유로 사망하는 일은 막을 수 있지 않을까. 그런 생각을 거듭한 끝에 전북대병원에 법의료실을 만들고, 병원에서 발생한 모든 죽음이나 의료사고를 리뷰하는 일부터 시작하겠다고 마음먹었다. '죽은 이들을 위한 법의학'에서 더 나아가 '살아 있는 사람들을 위한 법의학'이 필요하다는 것, 그것이 그날 발표한 임상법의학의 주요 내용이었다. 학회가 끝나고 뒤풀이 자리에서 문국진 교수님께서 말씀하셨다.

"이 교수, 내가 젊었을 때 가장 만들고 싶었던 게 바로 임상법의학이야. 임자, 훌륭해. 앞으로도 이 일을 계속해줘. 이렇게 새로운 걸 시도하는 후배를 만나서 너무 좋다."

교수님의 덕담을 들으니 더욱 확신이 들었다. 그날 내

게 교수님이 생각하신 임상법의학에 대해 여러 가지 생각을 주시던 중 문국진 교수님께서 문득 김상호 교수님의 안부를 물으셨다. 당시 김상호 교수님은 이미 몇 년 전 소천하신 터라, 그 사실을 전해드렸다. 내 대답을 들으신 문 교수님 얼굴이 금세 어두워졌다. 한참을 먹먹한 얼굴을 하시다가 불현듯 편지 이야기를 꺼내셨다.

"아주 오래전에 김 선생이 나한테 편지 한 통을 썼어."
"김상호 교수님께서 편지를요?"
"자네를 잘 부탁한다는 내용의 편지였지."

전혀 생각지도 못한 일이었다. 김 교수님이 문 교수님께 쓰신 편지의 주인공이 나라는 사실은…. 그리고 그날 나는 문국진 교수님으로부터 지난 30년 동안 모르고 지냈던 김상호 교수님의 진짜 속마음을 듣게 되었다. 김상호 교수님이 문국진 교수님과 수십 년 전에 맺었던 약속에 대해서도.

대한민국 법의학의 시초 문국진 교수님과 대한민국 병리학의 원로 김상호 교수님, 두 분의 인연은 군대 시절로 거슬러 올라간다. 김상호 교수님은 문국진 교수님의 군의관 선배셨다. 지금도 그렇지만 그 당시엔 병리 의사가 진짜 귀하던 시절이라 두 분은 군의관 선후배로 만나 꽤 돈독해지셨다고 한다.

"법의학을 해야 해, 법의학을!"

"아니 병리 의사도 부족한데 무슨 법의학이야, 병리학을 해야지."

문 교수님과 김 교수님은 반은 농담으로, 반은 진담으로 서로 이렇게 투닥이며 친하게 지내셨고, 그러다가 김상호 교수님이 먼저 제대를 하게 되었다. 헤어지던 날, 문 교수님은 김 교수님의 손을 꼭 붙잡고 이렇게 말씀하셨다.

"대학으로 돌아가시면, 법의학 하는 놈 좀 만들어 보내주십시오."

그리고 세월이 흘러 두 분의 교수님은 각자의 자리에서 제자들을 가르치며 지내오셨는데, 그러다 어느 날 김상호 교수님이 면접 자리에서 "법의학을 하고 싶습니다" 하고 외쳤던 나를 발견하신 거였다. 그런 내게 "저놈 참 미친놈이네" 하고 말씀하시면서 교수님은 문국진 교수님의 마지막 당부를 떠올리셨으리라. 그리고 내가 병리 레지던트 1년 차이던 1994년 춘계 법의학 학술대회가 열리던 때, 교수님은 내게 편지를 들려 문국진 교수님이 계신 법의학회에 보내실 생각을 하고 계셨는데, 그만 내가 교수님께 말도 없이 몰래 법의학회에 다녀왔던 것이다.

30년 전 그날 내 손에 들려 문국진 교수님께 보내졌어야 할 편지, 그러나 내가 멋대로 다녀온 탓에 나중에 우편으로 문국진 교수님께 배달된 그 편지는 이렇게 시작되었다.

"임자, 당신과 했던 30년 전의 약속을 내가 지키게 됐어. 내 제자가 가니 잘 부탁함세."

문국진 교수님께 김상호 교수님과의 오래전 약속, 그리고 뒤늦게 배달된 편지 이야기까지, 그간의 모든 사연들을 전해 듣다가 나는 그만 문 교수님 앞에서 아이처럼 엉엉 울고 말았다. 법의학을 이을 제자를 키워냈다는 기쁨, 그 마음을 편지에 고이 적어 내 손에 들려 보내고 싶었던 선생님의 마음을 30년도 더 지나서야 알게 되다니…. 그 깊은 마음을 헤아리기엔 그때의 나는 너무나도 어리고 어리석었구나.

"그 편지의 주인공이 임자였군."

문국진 교수님은 편지의 기억을 더듬으며 말씀하셨다. 그 목소리가 지난 시절의 추억을 한꺼번에 불러들이는 것만 같았다.

생각해보면, 내가 한 사람의 법의학자로 지금 이 자리에 서기까지 두 분께 참으로 큰 은혜를 입었다. 제자를 위해 편지를 써주신 김상호 교수님, 그것을 잊지 않고 기억해주신 문국진 교수님. 지금도 이따금 그때의 기억을 떠올리면 마음이 울컥하곤 한다. 그리고 다시 한번 결심을 다지게 된다. 스승님들의 등을 보고 걷던 내가 이제는 누군가를 이끌어주는 사람이 되어야겠다고. 앞으로 선생님보다 더 크고 따뜻한 스승이 되도록 노력하겠다고.

인용 출처

1부 죽은 자가 산 자를 가르친다

보이는 거짓과 안 보이는 진실

- '젊은이의 직업 선택의 십계'의 원 출처는 경상남도에 위치한 거창고등학교의 계명이나, 저자의 서사에 따라 재인용 출처를 함께 밝힌다. (재인용: 『껍데기를 벗고서』, 편집부 엮음, 동녘, 1987.)

아무도 그날의 신음 소리를 듣지 못했다

- 이성복, 『뒹구는 돌은 언제 잠 깨는가』, 문학과지성사, 1992.

사랑하는 사람의 죽음에 얼마큼 슬퍼해야 할까

- 키케로 외, 『그리스 로마 에세이』, 천병희 옮김, 도서출판 숲, 2017.
- 카를 야스퍼스, 「나는 있느냐 누군지도 모르면서」.

가장 가엾은 사람의 길동무가 되어주는 일

- 신경림, 『낙타』, 창비, 2008.

물에 빠진 아이는 누가 구해야 할까

- 피터 싱어, 『물에 빠진 아이 구하기』, 함규진 옮김, 산책자, 2009.

2부 삶은 죽음으로부터 얼마나 멀리 있는가

의미를 찾는 삶에 대하여

- 알베르 카뮈, 『시지프 신화』, 김화영 옮김, 민음사, 2016, 183쪽.

절대 흥분하지 마라

- 박경란, 「아이야, 너는 어디에」.

3부 나의 죽음, 너의 죽음, 그리고 우리의 죽음

나는 죽음에서 삶을 바라본다

- 플라톤, 『소크라테스의 변명 · 크리톤 · 파이돈 · 향연』, 박문재 옮김, 현대지성, 2019.

인체가 아닌 인간을 보라

- 플라톤, 『국가』, 박문재 옮김, 현대지성, 2023.

나의 죽음, 너의 죽음, 우리의 죽음

- 김성호, 『큰오색딱따구리의 육아일기』, 웅진지식하우스, 2008.

살아 있는 자들을 위한 죽음 수업

초판 1쇄 발행 2024년 12월 23일
초판 7쇄 발행 2025년 10월 24일

지은이 이호
발행인 윤승현 **단행본사업본부장** 신동해
편집장 김경림
정리 최서윤 **디자인** studio forb
마케팅 최혜진 이은미 **홍보** 반여진
제작 정석훈

브랜드 웅진지식하우스
주소 경기도 파주시 회동길 20
문의전화 031-956-7429(편집) 02-3670-1123(마케팅)

홈페이지 www.wjbooks.co.kr
인스타그램 www.instagram.com/woongjin_readers
페이스북 www.facebook.com/woongjinreaders
블로그 blog.naver.com/wj_booking

발행처 ㈜웅진씽크빅
출판신고 1980년 3월 29일 제406-2007-000046호

ⓒ 이호, 2024
ISBN 978-89-01-29071-3 03100

- 웅진지식하우스는 ㈜웅진씽크빅 단행본사업본부의 브랜드입니다.
- 이 책은 저작권법에 의해 한국 내에서 보호를 받는 저작물이므로 무단 전재와 무단 복제를 금합니다.
- 책 내용의 전부 또는 일부를 이용하려면 반드시 저작권자와 ㈜웅진씽크빅의 서면 동의를 받아야 합니다.